南开小学
NANKAI PRIMARY SCHOOL
1928·天津

中和管理思想体系的探索与实践

天津社会科学院出版社

图书在版编目（CIP）数据

“中和”管理思想体系的探索与实践 / 杨丽著 . --天津 : 天津社会科学院出版社 , 2020.9

ISBN 978-7-5563-0653-4

Ⅰ . ①中… Ⅱ . ①杨… Ⅲ . ①中学—学校管理—研究—天津 Ⅳ . ① G637

中国版本图书馆 CIP 数据核字 (2020) 第 159747 号

“中和”管理思想体系的探索与实践
“ZHONGHE” GUANLI SIXIANG TIXI DE TANSUO YU SHIJIAN

出版发行：天津社会科学院出版社
地　　址：天津市南开区迎水道7号
邮　　编：300191
电话/传真：（022）23360165（总编室）
（022）23075303（发行科）
网　　址：www.tass-tj.org.cn
印　　刷：北京建宏印刷有限公司

开　　本：787 × 1092毫米　　1/16
印　　张：15
字　　数：214千字
版　　次：2020年9月第1版　2020年9月第1次印刷
定　　价：58.00元

渤海之滨，白河之津，巍巍我南开精神，汲汲骎骎，月异日新，发煌我前途无垠……1904年，近代著名的教育家、学者严修（字范孙）与爱国主义教育家张伯苓先生一起，广纳社会力量，创建了以全新教育模式著名的南开中学之后，又陆续创办了大学、女中，1928年创办了南开小学。从1928年起，独具特色的南开系列学校（小学、中学、女中、大学）全部建成，形成了自小学至大学一整套完整的办学体系。

校长张伯苓制定了南开系列学校的校训：“允公允能，日新月异”。这八个字成为南开学校的灵魂。这是中国人以自己的力量发展教育的成功范例之一，不仅给当时的中国教育界打造了一道新颖的景观，也给世人、给时代树立了一个先进的民办教育的典范，为当时的中国教育做出了不可磨灭的贡献。张伯苓曾明确提出：“教育一事非独使学生读书习字而已，尤要在造成完全人格，三育并进而不可偏废。”张伯苓在中国首倡举办奥运会，自编、自导、自演话剧《用非所学》，南开新剧团成为话剧传入中国的两条路径之一。

“九·一八”事件发生以后，南开师生的爱国精神引发日本侵略者憎恨，1937年7月，日本侵略者疯狂轰炸，南开系列学校美丽的校园瞬间化为残垣断壁，南开大学成为抗日战争全面爆发以后第一个遭到日本侵略者摧毁的学校。在沉重的打击面前，张伯苓校长铁骨铮铮，南开系列学校部分师生辗转求学，南开小学陷入沉睡。

2017年，在依渤海之滨、傍白河之津、人杰地灵的中新天津生态城，沉睡八十年的南开小学正式复校。学校是由中新天津生态城管委会与天津市南开中学合作创办、中新生态城全额财政拨款的事业单位。学校实行理事会领导下的校长负责制。新建后的南开小学占地面积一万九千平方米，总建筑面积约一万三千平方米，办学规模为三十六个教学班，可容纳千余名学生。学校接续南开小学立校传统，遵循"让每个孩子都成为最好的自己"的办学理念，不断挖掘自身特色，激发文化基因，逐步建立起以"允公允能，日新月异"为核心的"中和"管理思想体系，用文化涵养身心、立德树人，为莘莘学子系好人生第一粒扣子，助推学校走出一条内涵式发展的道路。

天津生态城南开小学传承南开系列学校历史和文化，为"中和"管理思想的探索和实践奠定了基础。正如南开系列学校老校长张伯苓先生听闻日军炸毁南开学校后所说的："南开的精神是摧毁不了的！"如今，"允公允能，日新月异"

的南开精神在新的校园中不断滋养着一代代成长起来的南开人。天津生态城南开小学认真解读南开文化，传扬南开精神，围绕“公能”教育的主线，从课程、活动、教师、评价等方面着手，构建了“中和”管理思想体系。

“中和”管理思想体系坚持面向全体学生，探索符合学生成长规律的教育方法，寻找恰当的特长形成、个性发展的途径，有效推进学生综合素质的全面发展。学校始终高扬办学理念，将每一个学生纳入“中和”管理思想体系中，关注每一个学生的成长与发展。学校还将“中和”管理思想渗透到学生成长的各个方面，在培养学生理解能力、逻辑思维能力、统一规范意识、集体主义和爱国主义精神的同时，广泛拓宽学生知识面，激发学生的创造力、适应力、独立性和实践能力，在实践中日益彰显全面育人的价值。目前，学校还在不断完善“中和”管理思想体系，兼容并蓄中西优秀教育模式，营造爱国、乐群、敬业、创新的育人氛围，深度融合科学教育与人文教育，潜心培养有强烈社会责任感、健康体魄及上善心性的“公能”少年。

管理的过程，就是服务的过程；管理的过程，就是不断学习、培训、提升的过程；管理的过程，就是修德进业、积淀涵养的过程。复校以来，天津生态城南开小学用艰辛执着的实践，演绎着成长的构想，追逐着教育梦想，描绘着学校未来的发展蓝图。

本书是天津生态城南开小学复校以来，对学校历史、办学特色、办学理念以及南开精神传承与发扬的一次生动而全面的展示。本书共分为九章，从学校的办学思想、管理思想、校园文化、课程体系、教师培养、课堂教学、学生发展、家校联动以及国际化品牌建设这九大方面来对学校进行全面而生动地展示。一方面，展现复校以来师生的辛勤努力和不懈奋斗；另一方面，这也是对过去的总结，表现对未来的期许，鼓励师生在进行素质教育，培育综合人才方面进行不懈的奋斗与努力。

百舸争流，奋楫者先。面对未来，天津生态城南开小学将以昂扬的姿态、坚定的步伐继续探索，将坚毅品格的培养内化到学生的日常行动中，为学生的未来积聚坚毅能量，向未来教育事业阔步前行！

2020年3月

绪 论

以“公能”教育为主线，构建教育生态下“中和”管理思想体系

南开小学由著名爱国教育家严修和张伯苓先生于1928年创办，是南开系列学校完整办学体系的重要组成部分，1937年，南开小学被日军轰炸后，受时局等多种因素影响一直未能复校。新时代、新百年、新征程，教育者更要厚植爱国主义情怀，潜心铸魂育人，以开拓创新的奋斗姿态，奏响爱国奋斗的时代强音。南开教育屡经磨难，弦歌不辍，学校浴火重生，如凤凰涅槃。在南开校友和社会各界的关注和呼吁下，时隔80年，南开小学在天津生态城光荣复校，学校于2017年9月份正式开学。

一、打造启智铸魂品牌，推动“中和”管理落地开花

天津生态城南开小学校园别具一格，南开文化润物无声。学校的一草一木、一砖一瓦都在动情地讲述南开系列学校的故事。四十字的容止格言对于学生来说不仅仅是镜箴，更是指导学生们做人做事的准则，引导学生学习头容正的正义精神，肩容平的责任意识，胸容宽的格局境界，背容直的自信风度。从第一声诵读开始，南开文化就深深刻印在学生的心中，浸润学生的心灵。

天津生态城南开小学的培养目标是让教育为学生的终身学习、终生发展奠基，在浓厚的爱国、乐群、敬业、创新的公德价值观氛围中，将科学教育与人文教育相融合，使学生具有强烈的社会责任感、健康的体魄、创新的思维及上善的心性；培养学生成为符合国家、民族、社会根本利益并具有核心竞争力，能够积极

推动社会进步的后备人才。

天津生态城南开小学不仅是优秀传统文化传承的殿堂，也是激励学生博学敏思、知行合一、德才竞进的一方沃土。学校一直在打造属于南开的教育品牌，致力于推进“中和”管理思想体系的完善与落实，即以“公能”教育为品牌特色，强化学生的主体个性，培养学生全面发展，实现“中和”管理思想体系落地开花。“中和”管理思想体系坚持面向全体学生，探索符合学生成长规律的教育方法，寻找恰当的特长形成、个性发展的途径，有效推进学生综合素质的全面发展。如每学年开学初，学校都会为新生举行“开笔礼”启蒙仪式。活动中，一年级学生正衣冠、拜孔子、点朱砂、诵诗文、写“仁”字，一言一行皆渗透着人文内涵，这是学校为新生们精心打造的开学第一课，每一个环节都有独特的寓意。如引导学生写下“仁”字，并齐声诵读“立志为仁”这一环节，对处在人生启蒙阶段的学生给予这样的期望：不单要学会做顶天立地的人，更要学会爱祖国、爱人民，要有一颗仁爱之心。中华传统文化源远流长，历久弥新，学校深挖文化资源，开展“古意新曲”歌唱大赛、节日主题活动等。学校始终高扬“让每个孩子都成为最好的自己”的办学理念，将每一个学生纳入“中和”管理思想体系中，关注每一个学生的成长与发展。

爱国是南开教育的底色，也是天津生态城南开小学教育的旗帜。正是在爱国大旗的引导下，一代又一代南开学子以国家富强和民族复兴为己任，与国家和民族同呼吸、共命运，奋力谱写爱国、兴国的华彩篇章。南开学子中既有各界精英，也有默默无闻、脚踏实地的普通劳动者，他们都是国家的中坚力量，他们的功绩写入中华民族发展史，写入共和国发展史。

培养学生核心素养，教育任重而道远。学校在课堂中培养学生核心素养，在学生语言习得过程中引导他们塑德修身并学会为人处事；在实践活动中帮助学生认识周围世界，认同文化差异，培养价值观念并使其学会得体交际，发展健全人格并学会创新思考，使学生具备能够适应终身发展和社会发展需要的必备品格和关键能力。

二、培养明德修业教师，巩固“中和”管理建设基础

教师队伍建设是学校发展、学生成长的重中之重。天津生态城南开小学“中和”管理思想体系，不仅将学生培养作为其教育的目标，而且将教师潜能的挖掘看作是工作的核心环节，力求培养德行高尚、业务精进的好教师，建设一支让家长安心、让学校放心、让学生信赖的教师队伍。学校坚持以培养德智体美劳全面发展，有较高思想素养、宽厚基础知识、一定的教育科研能力和管理水平、良好综合素质，能适应小学教育改革和发展需要的具有现代教育观念和创新精神的教师为目标。

学校从教师专业成长、人生发展需求出发，激发教师自主学习、个性成长的积极性、主动性。学校教师平均年龄为30岁，他们朝气蓬勃、潜能无穷，是学校持续发展的储备人才。学校为青年教师制订了专业成长三年培养计划，即“一年高抬腿、两年稳落地、三年走起来”，促进青年教师迅速成长，尽快站稳讲台。学校为青年教师组织不同学科的拜师会，切实解决教学工作中的问题，真正做到教学相长。每年，学校还举办“见贤思齐”教学风采大赛和班主任教师技能大赛，指导教师做好三年专业发展规划。这些活动不仅为教师展现个人风采提供了平台，而且有效提高了教师的理论素养、专业知识和能力水平。

学校以“公能”教育为主线，积极引领教师遵守职业道德，以德为先，率先垂范，做好学生的导师。学校将社会主义核心价值观全面融入教育教学工作中，“以周恩来总理为人生楷模”，开展“缅怀伟人，做有大爱大德大情怀的人”主题党日活动；组织教师参观周恩来中学时代纪念馆、周邓纪念馆，聆听周总理侄女周秉德讲座，将党性修养的强化与立德树人的理念结合起来。与此同时，学校带领教师聆听传统文化讲座、爱国专题讲座，培养充满文化自信和家国情怀的新时代教师。在教学工作中，教师们展现出对学生的深切关爱。每年寒暑假，百名教师都会进行家访，让“公能”教育深入每个学子的家庭，让“中和”管理思想延伸到家庭、社会中去，在此基础上培育具有“奉献自己，服务社会，报效国

家”南开底色的优秀人才。

学校继承并弘扬“爱国、敬业、乐群、创新”的南开传统，创新性地以中华传统中医药文化为载体，赋予每位教师一味中药药名的称谓，如薄荷、丁香、阿里红、芡实、贯众、瓦松、芦荟、灵芝等。每一味中药有它独特的作用，学校以此充分诠释教师的个性特色与独特价值。同时，中药讲究配伍，运用君臣佐使的配伍原则，将每味中药本身的作用在一剂药中发挥到极致，这就是我们所说的团队精神。学校希望教师具有精诚合作的乐群精神，希望教师能如中药一般匡正学生的缺点，增强学生的优势，助学生健康成长，成人成才。

现在，新的教育历程已开启。天津生态城南开小学响应时代号召，开拓改革先路，以“公能”教育为核心，以师生共同发展为“两翼”，构建特色发展的“中和”管理思想体系，努力焕发南开荣光，创办富含历史底蕴、传统文化和现代气息的名校。“中和”管理思想体系让师生在学校的怀抱中茁壮成长，熠熠生辉。少年智则国智，少年强则国强。天津生态城南开小学发扬光大“中和”管理思想，使学生成为具有“世界眼光中国心”的一代新人，使学校成为具有丰厚文化底蕴的优秀教育基地。

第一章 承袭南开『公能』教育的思想精髓

携来百侣曾游，忆往昔峥嵘岁月稠。百余年来，南开人始终践行“允公允能，日新月异”的校训，大力开展“公能”教育。“允公允能”是南开系列学校办学思想的精髓，形成于20世纪二三十年代，其借用《诗经》中“允文允武”句式，意为“既有公德，又有能力，德才兼备”，指出学校培养南开学子爱国爱群之公德与服务社会之能力，使学生能够不断进取，永远追求卓越。“允公允能”的主张与现在的教育方针和教育根本任务相契合，其成为今日南开人的价值取向和精神品质。

允公允能
日新月異

第一节

南开“公能”教育的历史发展

张伯苓先生是中国近现代历史上的一位著名爱国教育家，是南开系列学校的创办人之一，其被誉为“中国现代教育的一位创造者”。他在“教育救国”思想的引导下，以开放的文化心态，矢志不渝的教育理念，披荆斩棘，开拓创新，建立了独具特色的教育体系，对中国教育发展产生了重要的影响。

“允公允能，日新月异”是南开人始终秉承的信念，莘莘学子用思想传递“公能”理念，用行动践行并坚持着“公能”理念。“公能”教育思想落实到教育教学实践中就是挖掘学生各方面的潜力，鼓励学生参加活动、了解社会，培养德智体美劳全面发展的学生。南开系列学校学习和借鉴了先进的教育思想，密切联系中国社会实际，主张德智体美劳“五育”并进，强调爱国教育、道德教育和人格教育，注重科学知识、科学精神和创新能力培养，形成了“爱国、敬业、创新、乐群”的光荣传统，培养了一大批优秀人才。

1928年，张伯苓决定在创办南开中学、南开大学和女中之后再设立南开学校小学部。张伯苓在女中校舍对面修建了小学部。为了使教学顺利实行，张伯苓尽可能地为小学部提供了较为完备的设施。东面有一个拥有四百米标准跑道的椭圆形操场，操场里面有一个足球场和一个篮球场，南面有供学生练习跳高、跳远用的两个沙坑，北面有供中低年级同学游戏用的转塔、滑梯、攀登架和摇船等设施，西南方向有一个网球场。这些体育设备都是张伯苓特意为小学部专门修建的。西北方向是一栋正对着学校校门的教学楼，教师办公和同学上课都在里面。校门的两边是两排平房，左边是儿童商店、食堂和厨房，右边是传达室、儿童银行、职工宿舍和体育器械储藏室等。一切准备完毕之后，南开小学开始招生，当时共有50多人前来报名。张伯苓将这些孩子分为一、二年级两个班，南开小学先是由钱伯超具体负责，后由马恩华、姜叔和等人继任。后来南开小学又增加了高年级班级。为了将设计教学法真正融入日常教学，张伯苓还特意聘请克伯屈教授的高徒、阮芝仪博士为实验导师，从事设计教学法的实验。

1937年7月，南开系列学校在日本帝国主义侵华战争的猛烈轰炸中遭受重创，师生饱受磨难，辗转迁移，但是南开精神并没有被摧毁的。中华人民共和国成立后，南开系列学校陆续复校，但南开小学却一直沉睡着。近年来，随着国家经济文化的不断发展，天津教育事业的不断进步，南开系列学校在社会上取得了巨大成就以及影响力，一些有识之士和南开先贤们纷纷呼吁重建南开小学。

在改革开放最前沿的天津滨海新区，教育事业蓬勃发展。天津中新生态城各界领导对复兴南开小学之事高度关注，于2016年在中新生态城重新建校。2017年8月28日，天津生态城南开小学正式开学。时隔80年，南开小学终于苏醒了。

图 1.1　校园景色

站在历史的长河边，天津生态城南开小学带着先贤的嘱托，牢记先贤的教导，秉“允公允能”报国宏志，承“日新月异”拼搏宗旨。学校致力于挖掘南开历史，继承南开文化之精髓，并不断地思考、调整，赋予它更加鲜活的时代特征，将培养“为国为民服务之公德和能力，具有健康体魄和创新思维之南开公能好少年”作为学校办学目标。在梳理传统办学经验和整合已有办学资源的基础上，学校提出了“让每个孩子都成为最好的自己”的办学理念，树立“仁爱有礼，和谐有序”的校风，“明德修业，自强不息”的教风，“切问精思，笃实好学”的学风。

为推进育人目标的实现，学校积极探索“中和”管理体制改革和创新人才培养的有效途径。在艰辛的探索过程中，学校始终把全面提高育人质量作为教育改革的主题，把立德树人作为教育改革的根本任务，把传承“公能”教育文化作为教育改革的根基，把课程建设作为教育改革的核心内容。

复校后的天津生态城南开小学得到社会各界的关注和家长群体的一致认可，已成为让人民满意的高品位优质基础教育学校。学校将继续秉承“允公允能”的理念，追求“日新月异”，培育具有国际视野、德才兼备、全面发展的高素质创新型人才。相信在不久的将来，接受着南开文化洗礼与浸染的孩子们将会茁壮成长，他们一定能像南开先贤一样，犹如一颗颗璀璨的星星在各行各业中熠熠生辉，学校也将走向更加辉煌的明天。

第二节 "公能"教育的核心思想

南开"公能"教育的特色发展体系不仅在于要教出良好的学生，也要培养优秀的教师；不仅要全力培养教师的德业精进，更精心于学生的全面发展。"公能"教育特色发展体系充分肯定了教师和学生的主体性及个体性，主张尊重人的生命。教师从"以学科教学为本"转变为"以学生成长需求为本"，既注重学生系统的知识学习，又注重培养学生的学习能力、实践能力和创新能力，让学生成为符合国家和社会所需的真人、全人。学校主张"主动求知，学做交融"，努力形成学生自觉学习、勤于动手、大胆质疑的氛围，既激发学生切问精思的兴趣，又发挥教师的引导作用，使学生养成笃实好学的良好习惯。

一、"公能"教育的核心内容

（一）培养爱国主义思想

学校注重培养学生的公德之心，从小处说是爱人、爱校、爱物，从大处说是"为爱国家，为爱世界"。学校从第一年开始就围绕爱国、感恩系列主题，以升旗仪式、班队会、社会实践相结合的形式，开展系列主题教育活动并持之以恒坚持下去。

（二）重视道德品质的培养

在南开先贤看来，"研究学问，固然要紧，而熏陶人格，尤其是根本"。学校教育的目的就是使学生养成良好习惯和健全的人格。这种对学生道德人格的熏陶培育渗透在学校教育的许多细节中。如重视利用中国传统美德教育学生，同时又把现代民主、平等、自由和独立的思想与中华传统道德中的积极成分相结合，努力培养学生“乐群”的集体主义精神。天津生态城南开小学非常重视对学生人格道德的培养和训练。四十字容止格言“面必净、发必理、衣必整、纽必结。头容正，肩容平，胸容宽，背容直。气象：勿傲、勿暴、勿怠；颜色：宜和、宜静、宜庄”是对学生外在仪表和内在素质的明确要求，引导学生要举止得体，彬彬有礼，自爱爱人，诚实守信，谨言慎行。

（三）重视智育方面的培养

学校注重培养学生的科学知识和开拓进取的创造精神，注重提倡科学，注重实地观察、社会实践、亲自试验，使学生获得鲜活的知识。学校组织科学项目研究会和各种知识竞赛，组织多种多样的学生社团，有机结合课内外活动，使学生能够得到全方位求知解惑体验并提升认知的境界。

（四）重视体育艺术培养

体育艺术关系受教育者德智体美劳诸方面的和谐发展，“教育与体育，绝对不能分离”，“教育里没有了体育，教育就不完全”。体育和艺术与智育、德育、美育都有密切的关系，正所谓读书佳者、道德高者宜有健全身体。因此，学校陆续成立网球、篮球、武术、啦啦操队等多个校级体育训练队，逐步过渡到三年之内，使所有学生达到“四个二”培养模式，即每名学生掌握两项专业体育技能、两项艺术专业技能、两项科技项目研究、两项汉字书写技能。

（五）重视创新人才的培养

教育在培养民族创新精神和培养创新人才方面，肩负着特殊使命。“公能”教育把创新人才看作教育的关键，主张把创新思维和社会实践紧密结合起来，改进教学计划，调整课程结构，更新教学内容，强化实践教学，创新教学方法。学校坚持以学生为主体、以教师为主导，在教学中推行启发式、讨论式、质疑式等教学方法，加强教学互动，引导学生主动学习知识，发现问题，开展自主研究，强化“学习、实践、协作、创新”能力训练，激发学生创新思维和能力。

二、教师层面的"公能"教育实施规划

从办学实践角度来说，教师是学校的核心竞争力。复校后第一年，学校教师平均年龄为30岁，很多青年教师虽然没有丰富的教学经验，但对于教育事业忠诚、积极、热情，因此激励并帮助他们专业成长是第一要务。学校为此制订青年教师专业成长三年培养计划，即"一年高抬腿、两年稳落地、三年走起来"，使青年教师逐步成熟起来。与此同时，学校指导教师确立个人三年专业发展规划，以"公能"教育事业稳定教师队伍。

（一）初识南开，增强认同感和归属感

所有教师进入天津生态城南开小学后，入职培训第一课就是学习南开的百年历史，了解南开小学的沧桑故事，感受"允公允能，日新月异"理念文化、"容止格言"的行为文化、校歌、校徽及南开特有的视听文化等。浸润南开文化，每一位教师通过接受学校赠予的带有传统文化底蕴的中药名，感受南开"乐群、奉献"之价值取向，形成共同的价值观，增强对南开的认同感和自身的归属感。

（二）融入南开，增强使命感和责任感

学校通过三年各层面师德、业务培训，引领青年教师形成热爱祖国、热爱教育、热爱南开的思想和情怀；使教师主动感知学校办学理念、教育理念、管理理念、办学目标、办学特色、发展战略等内容；明确其所承载的历史重任和社会的高度企盼，全身心融入南开，增强自身的使命感和责任感。

（三）奉献南开，增强获得感和幸福感

通过三年有针对性、适用性和实效性的培训，学校坚持为青年教师搭建研训一体的发展平台。学校采用专题讲座、案例剖析、问题研讨、实践操练、拜师带徒、基本功展评、课堂观摩、跟踪指导、校级展示、校际交流等多种方式，力求使培训过程成为研其所问，解其所惑的过程，成为教师提升境界、生长智慧的教育过程，让教师从成长中渐生获得感和幸福感，并乐于奉献南开、奉献立德树人的"公能"教育之中。

（四）“公能”教育，仁爱为怀，服务为旨

“公能”教育需要引领教师保持服务理念，其基础是关爱每位学生。用心、用情做教育，才能更好地服务每个家庭，服务整个社会。鉴于此，学校从第一年起就立足于以课堂为载体的课程教学研究，以课堂为主阵地，带领每一位教师主动且持续参与“公能”教育课程的开发、探索、实施、完善工作，以此提升教师的教育科研能力，扩大他们的专业成长空间。教师应在三年之中专心做好服务于每一位学生成长需求及培养学生关键能力的实践研究，扎实搞好服务于国家和社会对所需求人才的奠基工程。学校将逐年出版天津生态城南开小学“公能”教育特色课程体系校本教材。

（五）“公能”教育，超越自我，永不言弃

对天津生态城南开小学而言，传承与创新，永不言弃，不断超越自我，随着时代不断发展是创校先贤张伯苓校长对后生的殷切期望。从宏观上来讲，学校的发展是对教师的激励，教师的发展又是学校发展的不竭动力。因此，学校另一项重中之重的工作便是对教师工作的评价，要让每一位教师不断超越自我，时时成为最好的自己。学校发挥学校评价对教师教育教学的帮助和促进作用，尝试建立一种全面评定教师教育教学业绩的体系。学校从坚持评价主体的多元化，把自我评价、同伴评价、学生评价、导师评价、家长评价结合起来；到坚持评价方式的多样化，把结果评价与过程评价、定性评价与定量评价结合起来；最终形成评价内容的多维化。天津生态城南开小学通过“公能”教育特色评价体系的建立、完善、实施，使教师队伍专业化发展和建设有的放矢，让改变和创新伴随教师成长，三年之中让一批“公能好教师”脱颖而出，锻造出一支有品位、高素养、能吃苦、乐奉献的教师队伍。

三、学生层面的“公能”教育规划

（一）构建“公能”教育课程体系

“公能”教育课程体系是天津生态城南开小学以“以德为先、能力为重、全面发展"为基本原则，旨在选拔培养有为"公"之志向、奉"公"之操守、大"公"之襟怀和"能"学习、"能"吃苦、"能"合作的社会主义建设者和接班人而开发的校本课程体系。学校将课程开发目标设定为重体验、乐实践、善思考、懂感恩、会动手、勇创新。学校以世界眼光，全景打造宏观生态课堂，逐步形成"公能"教育办学特色。

（二）开设社会生态教育校本课程

学生在掌握国家课程规定的基础知识、基本技能的同时，引导学生在"公能"教育必修课和选修课的学习中，发展个性，充分开发多种潜能，形成更广泛的能力，更好地认识学习的价值，塑造健全的人格，健康、和谐、全面地发展。社会生态教育校本课程是"公能"教育课程体系中一门必修课，其从家庭、学校、社会各方面着手，帮助学生从小探索与认识生命的意义、尊重与珍惜生命的价值，热爱并发展每个人独特的生命，并使自己的生命与天地万物建立美好的共融共生关系。

（三）开启家校联动的"公能"教育模式

学校的注重公平，包容个性，因材施教，建设富有鲜明"公能"特色的培养体系，培天下之英才，育"公能"之栋梁。学校开展家校合作，实行内外并举的育人模式。学校根据学生的需要，立足本校的现有条件，最大限度地挖掘和利用校内外的课程资源，努力把蕴藏于师生中的生活经验、特长爱好转化为课程资源，并合理配置相关设施，充分拓展和利用校外的课程资源。学校重视实践基地的建设，注意发挥家长与社区资源的作用，积极开展与校外机构的合作，为"公能"教育家校联动培养模式提供必要的物质和经费保障。

（四）融科技教育于"公能"教育的各科学习之中

小学是培养科技创新人才的重要阶段，在此阶段接受科技教育对孩子的一生都会有所帮助，天津生态城南开小学从2018年开始逐步把科技教育融入各学科教育之中，三年达到学科全覆盖。

融科技教育于各科学习是南开办学精神的传承。当年南开学社邀请相关领域的学人专门讲解数学、物理、化学、历史、地理、博物学、卫生学、“三育学”（即德育、智育、体育）。同时，培育师资的活动引起了南开人的兴趣，他们着手制定《师范补习章程》，在天津成立了师范补习所。师范补习所被认为是“北直造就师资之发端”，其与普通学社一脉相承，补习内容也大致相同，有时师范补习所还会举行主题演讲，演讲内容包括“个人与国家关系”“天演之理”（即“物竞天择，适者生存”的道理）等。张伯苓是课程的制定者，同时也是主要演讲者之一。师范补习所讲解算学、物理等课，与普通学社相同。补习在晚间进行，常常讲至深夜11点。与此同时，南开人还组织了教育研究所，活动地点在民立第一小学堂，参加研讨的均为官立、民立各学堂和家馆私塾的教师。师资的建设为办学活动顺利开展提供了保障。

（五）以综合素质评价凸显“公能”教育成果

学校充分发挥评价对学生综合素质发展的激励功能。评价的内容侧重态度与能力，减少量化，多进行分析性的评价。评价的结果采取等级加评语，在学生活动的情境中评价学生，根据不同学生的实际背景进行个性化评价。同时，学校帮助学生学会自我评价，正确认识自己，积极悦纳他人。学校组织、开发、制定《特色综合素质评价手册》，每学期末实施综合测评活动。

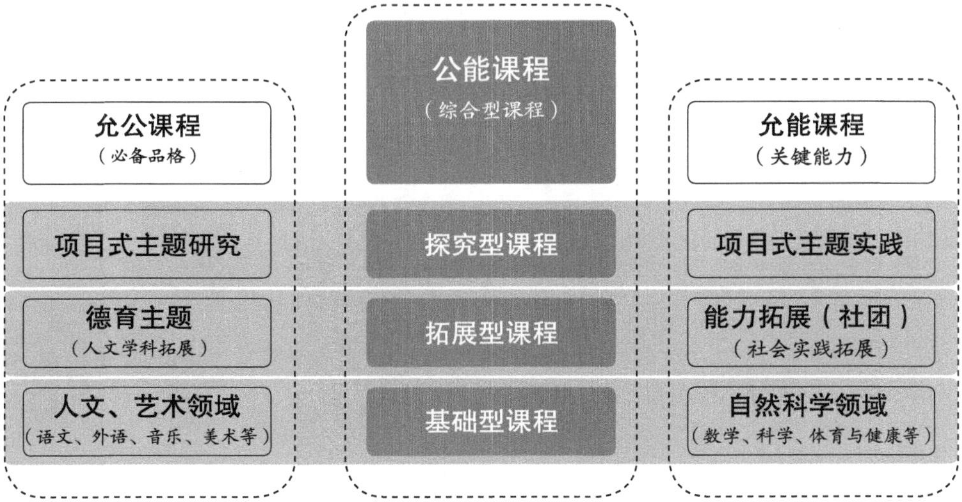

图1.2　公能教育“一体两翼”结构图

天津生态城南开小学"公能"教育特色三年发展规划充分肯定教师和学生的主体性和个体性，主张顺应人的禀赋，从满足教师专业成长和学生的身心成长需要出发，遵循学生身心和谐发展的规律，以学生个性充分而自由的发展和学生群体的全面发展为中心，尊重学习自主权、选择权，充分调动学生自主学习的积极性、主动性。综合素质评价是南开精神的传承，学校将从百年南开的光荣历史和时代精神中汲取滋养，不断增进"公"的道德与"能"的力量，保持精神与事业的发展不落伍，在新时代、新百年进一步讲好南开故事。

具体地说，学校在教育内容上重在"提升内在素质和外在能力"，超越知识的教育，实施德智体美劳全面发展的综合素质教育，既为学生传授系统的专业知识，又注意培养学生的关键能力。在培养模式上，学校主张"学做融合、教学相长"，努力形成学生自觉学习、乐于体验、大胆质疑的生动局面。既要激发学生主动学习的热情，又要发挥教师的引导作用，以期达到教师专业精进、学生全面发展的效果，让"公能"教育如阳光雨露般滋养师生。

第三节

“公能”教育的时代新义

“公能”教育所富有的时代新义是显而易见的。一方面，“公能”教育并非“无中生有”，而是有深厚的理论根基，是在深切发掘中华优秀传统文化的精神和把握南开素质教育传统基础上提出的新的教育观；另一方面，“公能”教育不是因循守旧的，而是在真切认识现代教育发展规律，准确把握时代脉搏的基础上凝练出的教育方略。从某种意义上说，“公能”教育就是教育本质的回归，是南开教育的一种返璞归真、守正创新。

“公能”教育是促进人全面发展的教育。所谓人的全面发展，就是人的社会关系的发展，就是人的社会交往的普遍性和人对社会关系的控制程度的发展，就是在人的各种素质综合作用的基础上人的个性的发展。在以往教育观念中，不论是教育理念、教学方法、课程设置还是评价标准，传统教育都围绕着应试教育展开，学生只需掌握基本知识、基本理论和基本技能以应付考试、升学，学生的文化素养、身心素质、思想道德素养等更为深层次的发展则被忽略。“公能”教育则要求学生应全面协调地提高综合素养，为做人、求知、劳动、生活、健身、审美、创新等打下良好的基础，以成为新时代“有理想、有道德、有文化、有纪律”的高素质人才。

南开学子学习的生涯和获得的成长，应该是一堂精益求精的实践课。热爱环境是一堂凝心聚力的团结课，齐声宣誓是一堂爱校荣校的感恩课，高唱国歌是一堂爱国奋斗的思政课。在学习生活中，每一名学生身上都印刻着“知中国，服务中国”的南开印记，南开给予大家的不仅仅是知识与能力，更是“公能”日新的价值与情怀。大家将牢记习近平总书记的嘱托教导，自觉把个人成长进步融入推动国家发展、民族复兴的时代洪流中去，以青春力量奉献服务，以公能精神定格风华，努力创造无愧于新时代、新百年的光辉业绩，谱写更加壮丽的青春乐章。

天津生态城南开小学2017年复校以来，继续传承百年南开精神，厚植"公能"教育情怀，以南开"允公允能，日新月异"校训为引领，以"以德为先、能力为重、全面发展"为基本原则，在梳理南开传统办学经验、整合既有办学资源的基础上，弘扬中华优秀传统文化，继往开来，守正创新，把中医"永恒运动观、动态平衡观、统一整体观、人与自然和谐观"等学术思想与南开传统的"公能"教育思想相融合，把"求真求源、治本治根、平衡发展"等价值观融入"公能"教育课程，植入"渐进性""系统性""辩证性"等中医思想理念，坚持多元办学，引导教育者放慢脚步、放长眼光，创新教育模式，克服长期以来学校教育急功近利的办学模式，注重公平，包容个性，因材施教。学校"一体两翼"发展体系旨在培养有为"公"之志向、奉"公"之操守、大"公"之襟怀和"能"学习、"能"吃苦、"能"合作的"公能好少年"和培养有理想信念、有道德情操、有扎实学识、有仁爱之心的"公能好老师"的。

学校"一体两翼"发展体系是基于"爱国爱群之公德与服务社会之能力"的百年南开校训的核心思想，其是以"公能"教育为主体，以教师发展和学生成长为两翼，以培养"公能好老师""公能好少年"为目标的"公能"教育发展体系。公能研训、公能课程、公能评价三大板块均以"一体两翼"方式呈现：以公能研训为主体，以师德培养、师能培训为两翼，培养德业竞进的"公能好老师"。

学校以公能课程为主体，通过研发以"爱国爱群"为特征的家国情怀教育和以"服务社会"为特征的创新能力教育内容，形成"允公"和"允能"课程体系。"允公课程"侧重人文素养的提高，重视引领学生身心健康和厚植家国情怀；"允能课程"侧重学生多元智能的培养和实践能力提升，在知识延伸和迁移过程中实现服务社会的能力拓展，培养有为"公"之志向、奉"公"之操守、大"公"之襟怀和“能”学习、“能”吃苦、“能”合作的“公能好少年”。学校以“公能评价”为主体，研发以“公能银行”和“公能超市”为两翼的评价体系，旨在对师生发展、对课程、对管理等进行多元多维评价，形成天津生态城南开小学独特的“公能”教育特色。

天津生态城南开小学“公能”教育可概括为四个方面：育人为本、全面发展、国际视野、创新人才。所谓“育人为本”，就是努力营造学生主动发展的育人环境。所谓“全面发展”，就是不仅要抓好智育，更要重视德育，还要加强体育、美育和实践教育，使诸方面相互渗透、协调发展，促进学生的人格健全和身心的健康成长。所谓“国际视野”，就是教育的方式方法要与时俱进，能够适应现代化、国际化的新要求，不断培育学生的博大胸怀、大局意识、世界眼光、现代思维和综合能力。所谓“创新人才”，就是在夯实基础知识的同时，着力创新教育理念和人才培养模式，为造就具有创新精神、创新意识、创新能力的积极推动社会进步的高素质人才打下坚实的基础。

南开学子现正站在中国特色社会主义新时代的广阔舞台上，走在开启南开新百年的浩瀚征途中，他们深感使命光荣、任重道远。大家将不忘初心，弘扬传统，着力培养“公能”兼备、全面发展的优秀人才；学校牢记使命、争做标杆，淬炼办学治校基本功，把党的全面领导转化为发展的强大优势；学校将不懈奋斗、力争一流，全面实施“卓越南开行动计划”，加快实现一流学校建设。爱国奋斗百年辉煌，公能日新再踏征程。学校牢记习近平总书记的殷殷嘱托，用实际行动诠释南开精神的时代内涵，只争朝夕，不负韶华，在新的起点上继续奋斗、再谱华章。

第四节

薪火相传，构建“中和”管理思想体系

当前，随着经济、政治、科技体制改革的深入，我国教育受到外力冲击，教育的基础需要改造，教育体制需要改革，教育内容需要更新，教育观念需要变革，从新的观点出发形成更科学的理论基础，自然成为我国教育的中心任务。

教育是为什么？教育的根本是什么？这样的问题是每一个教育工作者都会思考的。天津生态城南开小学焕发南开荣光，努力创办让人民满意的高品位、优质基础教育学校。学校秉承“允公允能”的理念，培育具有国际视野、德才兼备、全面发展的高素质创新型人才。

学校注重“公”“能”，向往“新”“异”，并将其作为学校薪火相传的宝贵财富。学校在育人实践中不仅坚守优良传统，根据社会与时代的发展不断开拓创新，通过对南开文化的认真解读、深刻领悟、大胆挖掘、反复思考后，勾画出学校特色发展战略规划。学校在梳理传统办学经验、整合既有办学资源的基础上提出“让每个孩子都成为最好的自己”的办学理念，构建“中和”管理思想体系，确立以“公能”教育为主线的课程和活动内容体系，探索“公能”教育特色评价策略，形成了以“公能”教育为主体，以师生共同发展为两翼的“一体两翼”学校建设和特色发展体系。下图1.3为公能教育“一体两翼”结构图，公能教育“一体两翼”管理体系分为公能研训、公能课程、公能评价三大板块，每个板块均以“一体两翼”方式构成。

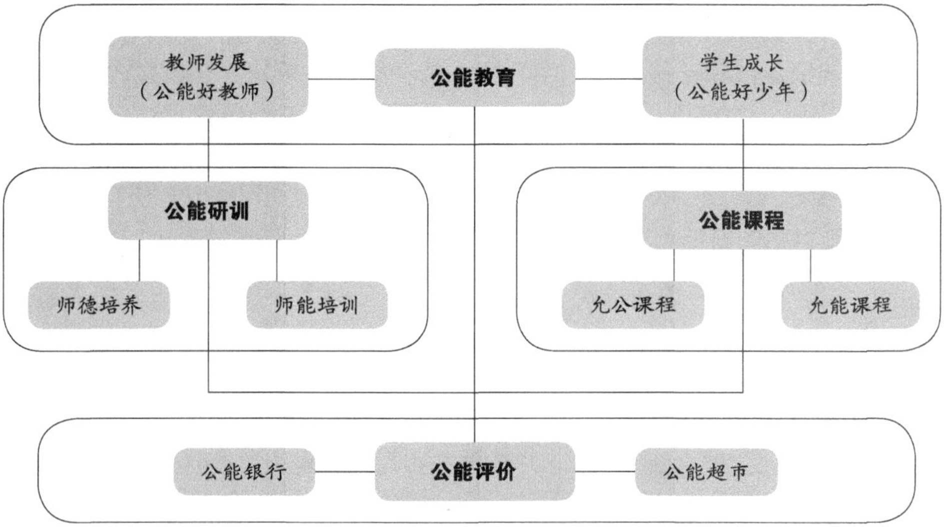

图 1.3　公能教育“一体两翼”结构图

“公能教育”特色发展体系充分肯定了教师和学生的主体性及个体性，从满足教师专业成长和学生身心成长需要出发，遵循学生发展的规律，以学生个性充分而自由的发展和学生群体的全面发展为中心，尊重学习自主权，充分调动学生自主学习的积极性、主动性。具体地说，在办学观念上，学校主张教师教学从“以学科教学为本”转变为“以学生成长需求为本”，即真正实现“一切以学生成长作为出发点和落脚点，让学生身体和心灵比肩同行”。

“公能研训”以“师德培养”和“师能培训”为两翼。学校每年都会在年初制定“师德师风培训计划”，把南开百年公能教育思想与当前党的教育方针政策有机结合，进行师德师风培训；制定“教师技能培训计划”，把教学研究活动、教学技能大赛、课题研究探索等有机结合，对教师进行技能培训，并经常“请进来、走出去”，外引内联，结合“有理想信念、有道德情操、有扎实学识、有仁爱之心”的“四有好老师”理念，培养具有南开特色的“公能好教师”。

“公能课程”以“允公课程”和“允能课程”为两翼。学校通过研发以“爱国爱群”为特征的家国情怀教育和以“服务社会”为特征的创新能力教育，形成“允公”和“允能”课程体系。其中“允公课程”侧重人文素养的提高，重视引领学生身心健康和厚植家国情怀;"允能课程"侧重学生多元智能的培养和关键能力的提升,在知识延伸和迁移过程中实现服务社会的能力拓展。在教育内容上重在"提升具有核心竞争力的内在素质",即超越知识的教育。实施德智体美劳全面发展的综合素质教育,既注重学生系统的知识学习,又注重培养学生的学习能力、实践能力和创新能力,让学生成为符合国家和社会所需的真人、全人。在培养模式上,学校主张"主动求知,学做交融",既要激发学生切问精思的兴趣,又要发挥教师的引导作用,使学生养成笃实好学的良好习惯。"公能教育"不仅要全力培养教师的德业精进,更精心于学生的全面发展。

"公能评价"以"公能银行"和"公能超市"为两翼。学校研发了以"公能评价"为主体,以"公能银行"和"公能超市"为两翼的评价体系。评价主体分为两部分,一部分是教师,学校根据教师在平时工作中的动态成长轨迹进行考核,考核积分存入"公能银行"形成储备能量。另一部分就是学生,学校根据学生的日常行为和思想表现对其"德智体美劳"等各方面进行综合素质评价,获得积分存入"公能银行"形成储备能量。总之,公能评价旨在对师生发展、对课程、对管理等进行多维评价,形成独特的公能教育特色。

图 1.4 校园景色

“公能超市”是教师发展和学生成长的加油驿站。教师将储备能量积分输入“公能超市”，即可以为自助或助他等活动赋能，解决教育教学等方面遇到的困难或者为自身发展瓶颈解困、满足自身专业发展所需。学生将储备能量积分输入“公能超市”，同样可以为自助或他助等活动赋能，解决在学习及各种活动中遇到的困难和实践的苦恼，满足健康成长中精神所需。教师根据班级管理的具体情况充分发挥“公能超市”的杠杆作用，让学生在累积或使用积分的过程中，学会自主管理、互帮互助，提升公能意识。

学校把丰富多彩的教育活动作为工作的重要载体，根据学生身心发展规律，寓德育于教育活动中，打造适合学校发展的多元德育体系。学校把传统班会课改为活动课，引进辩论会、演讲竞赛、知识竞赛、座谈会等形式，一课一主题，贴近学生的生活实际和心理需求，通过充满知识性、教育性、趣味性的活动，叩击学生心灵，激励其奋发向上。同时，学校开设人文阅读欣赏课，引领学生博览中外名著，品评文学佳作，感悟多彩人生，提高人文修养。学校开发活动课程，在丰富的文体活动中培养学生的团队精神、合作意识和坚韧的意志。学校开设校外课堂，带领学生走出校园，让学生在特定的环境中接受道德教育。在实践与探索中，学校逐步形成了德育系列特色活动，即在重大节日和纪念日，学校组织开展内容丰富的德育活动。如组织学生进行了“网上祭英烈”“红领巾相约中国梦”“核心价值观记心中”等系列活动。

学校在工作中不断摸索，使德育逐渐内化为学生日常的行为规范，使德育发展成为养成教育。学校在德育活动具体实施过程中，按照标准，通过主题班队会开展行为习惯养成竞赛评比活动，落实领导班子值周制度、红领巾监督岗制度、班级一日常规量化考核制度等措施，集中强化规范学生的日常行为习惯，强化学生的行为养成，使学生习惯成自然，从而提高学生自我管理的能力，培养学生良好的学习习惯和生活习惯。

天津生态城南开小学是优秀文化传承和师生精神成长的殿堂，也是激励师生博学敏思、知行合一、德才竞进的沃土。学校坚持面向全体学生，探索符合学

图 1.5 书法教室

生成长规律的教育方法及学生特长形成和个性发展的途径，使学生的综合素质全面发展。通过优秀教育模式兼容并蓄的途径，将培养学生的理解能力、逻辑思维能力、统一规范意识、集体主义和爱国主义精神与培养学生拥有广阔的知识面、创造力、适应力、独立性和实践能力有机融合，在浓厚的爱国、乐群、敬业的公德价值观氛围中，融合科学教育与人文教育，使学生具有强烈的社会责任感、健康的体魄及上善的心性，引领学生成为符合国家、民族、社会根本利益并具有核心竞争力、能够积极推动社会进步的人才。

第二章 『中和』管理思想的确立

“培养什么人，是教育的首要问题。”2018年全国教育大会强调指出：“要在坚定理想信念、厚植爱国主义情怀、加强品德修养、增长知识见识、培养奋斗精神、增强综合素质上下功夫，培养德智体美劳全面发展的社会主义建设者和接班人。”天津生态城南开小学接续南开系列学校的传统，遵循“让每个孩子都成为最好的自己”的办学理念，不断挖掘自身特色，激发文化基因，逐步建立起以“允公允能，日新月异”为核心的“中和”管理思想体系，并进一步通过教育现代化和国际化助推学校高速发展，用奋进之笔书写出了让人民满意的育人答卷。

允公允能
日新月異

第一节
“中和”管理思想概念界定

“中和”是中庸之道的主要内涵，中庸之道是中国古代哲学观点，出自《中庸》。

教育的生态环境是以教育为中心，对教育的产生、存在和发展起制约和调控作用的多元环境体系。教育的生态环境大致分为三个层次：一是以教育为中心，综合外部自然环境、社会环境组成的单个的或复合的教育生态系统；二是以单个学校或某一教育层次为中心构成的，反映教育体系内部的相互关系；三是以学生的个体发展为主线，研究外部环境包括自然、社会和精神因素组成的系统。此外，教育生态学还考虑教育对象内在的生理和心理环境。在这三个层次之下，天津生态城南开小学为了更好地贯彻“公能”教育，适应当前的教育生态，提出了“中和”管理的教育模式。

一、坚守教育工作者的本心和初心

在整体实行素质教育的同时，面对中国教育的改革，天津生态城南开小学的教育管理者们希望教师能够坚守自己的本心，不论外界环境发生什么样的变化，都能够谨记为人师表的本分；不论教育工作如何艰难，都能够始终坚持奋战在第一线；不论外界的教育生态如何复杂，都能够找到自己的立足之地，为祖国的教育事业增光添彩。在学校或个别教育体系这个层面来说，“中和”管理就是要协调好教育体系内部的相互关系。天津生态城南开小学自复校以来，为了更好地进行素质教育，提高学生全面发展的能力，学校内部的各个部门机构、各个组织之间都进行了良好的协调,使得校园治理井井有条,为课程建设、教育改革提供了坚实而有力的基础。从学生个体发展来说,综合管理更偏向于教师在进行教育时,结合学生的个人特长,为学生制定一套属于自己的富有个性的教育实施计划。在这个过程中,教师需要始终坚持一颗赤诚之心,以平等、友善、关爱的目光去看待每一个孩童的成长,为他们的童年贡献自己的力量。天津生态城南开小学致力于学生的全面发展,提高学生综合素质,因此在进行教师管理时更关注教师对于学生德智体美劳相关素质能力的培养和发展,为了学生的综合提高不断奉献自我的力量,给孩子们一个金色的童年。

二、提高教育教学能力水平

在以教育为中心的教育生态之下,学校在进行校园管理时应着重提高教师的能力、水平和思想道德素质,教师要有较高的课堂教学、备课、课下辅导能力,同时要能够在学生的成长过程中,为他们提供除了知识以外的相关辅导,如相关心理辅导、成长经验分享等。此外,学校在进行管理时应提高教师的师德,使教师始终坚持在教师的岗位上不懈怠。师德是教师应有的道德和行为规范,是全社会道德体系的组成部分。从实践的角度看,具有高尚情操、渊博学识和人格魅力的教师,会对其学生产生深远的影响。教师职业道德是教师从事教师劳动所应当遵循的行为规范和必须具备的道德素质。

教师职业道德要求教师:一是爱国守法。热爱祖国,热爱人民,拥护中国共产党领导,拥护社会主义。全面贯彻国家教育方针,自觉遵守教育法律法规,依法履行教师职责权利。不得有违背党和国家方针政策的言行。二是爱岗敬业。忠诚于人民教育事业,志存高远,勤恳敬业,甘为人梯,乐于奉献。对工作高度负责,认真备课上课,认真批改作业,认真辅导学生,不得敷衍塞责。三是关爱学生。关心爱护全体学生,尊重学生人格,平等公正对待学生。对学生严慈相济,做学生良师益友。保护学生安全,关心学生健康,维护学生权益。不讽刺、挖苦、歧视学生,不体罚或变相体罚学生。四是教书育人。遵循教育规律,实施素质教育。循循善诱，诲人不倦，因材施教。培养学生良好品行，激发学生创新精神，促进学生全面发展。不以分数作为评价学生的唯一标准。五是为人师表。坚守高尚情操，知荣明耻，严于律己，以身作则。衣着得体，语言规范，举止文明。关心集体，团结协作，尊重同事，尊重家长。作风正派，廉洁奉公。自觉抵制有偿家教，不利用职务之便牟取私利。六是终身学习。崇尚科学精神，树立终身学习理念，拓宽知识视野，更新知识结构。潜心钻研业务，勇于探索创新，不断提高专业素养和教育教学水平。

天津生态城南开小学始终在提高教师教学能力水平和师德上不断努力，致力于给学生丰富而精彩的校园学习生活。学校综合管理，要求在进行相关组织结构建设时，保证各个机构平稳运行，做实事，做真事，不虚设，不假设，每一项计划都能切实帮助学生，每一个机构间的运行组织都能切实做到为学生考虑，始终将学生的需求作为教育教学工作者的第一追求。天津生态城南开小学为了更好地进行教育，所设置的各个部门都能够很好地协调和运作。在学生的体育活动、书法艺术、课堂教学等活动之间都进行了良好的协调与发展，同时做到了与外校相交流，始终保证学生的教育活动能够顺畅进行。

第二节
"中和"管理思想的提出背景和理论基础

教育是一种思维的传授，而不同的人思维不同，所以，教育当以最客观、最公正的思维教化于人，如此，人的思维才能够逐渐成熟、理性，并由此走向理性、拥有正确思维认知的自我，这就是教育的意义所在。教育也是一种教书育人的过程，教师可将对事物客观的理解传授给学生，学生在自己的生活经验中考量并最终形成自己所认同的价值观。教育，是一种提高人的综合素质的实践活动。

天津生态城南开小学传承南开系列学校历史和文化，为"中和"管理思想的探索和实践奠定了基础。南开传承百年的教育基因中流传着对公能素质教育的坚守，正是这样的坚守铸造了今天的"中和"管理的思想体系。"中和"管理思想体系从解读南开文化入手，弘扬南开精神。其以"公能"教育为主线，从课程活动、教师评价等方面着手，致力于打造一个真正的素质教育殿堂。"公能"教育实际上承载了教育"两翼"——道德与能力。有了这"两翼"，就有了南开文化精神的底色。两相参照，就会发现学生的人格精神与学习精神是紧密结合着的。

天津生态城南开小学的办学理念是"让每个孩子都成为最好的自己"，有最好的精神世界。天津生态城南开小学的教育是在春风化雨、润物无声的育人过程中，将"濡养德能"教育思想贯穿办学始终。教师将开启学生学习兴趣之门，濡养学生德性言行之正，助其体悟生命价值之理。教师从培养学生品行入手，以言传身教启发他们的纯善之心。长养学生的正心、正德、正见、正行，这是让学生做最好的自己之根本。教师引导学生学会一步一个脚印，每天进步一点点，教会学生学会反思，和过去的自己比，是否更孝敬父母、友爱同学、尊敬师长、关怀他人？和昨天的自己比，是否更加注重礼仪、讲求信用、知过必改？努力让自己的每一天都有新收获和改变，这样才能不断超越自我，跨上更高一级的人生台阶，让世界因为自己而更精彩。不断超越自我，就是"做最好的自己"。

"做最好的自己"，強调的是自己与自己比，昨天的自己和今天的自己比。从这个意义上说，"最好"其实就是"更好"，是对自我提出的一个更高的要求。最好的学生，最好的教师，最好的学校，这个要求是基于每个人和每个学校的起点而言的。"做最好的自己"意味着天津生态城南开小学要培养学生不同于他人的兴趣和特长，要造就教师不同于他人的特点和风格，学校要坚持具有自身特色的发展之路。学生和教师在自我接纳的基础上，每天追求成长、进步和卓越，不断地超越自己，努力做到最好。

校训"允公允能，日新月异"是公能素质教育的外在表现，也是学校实行"中和"管理的一大思想内核。1934年，张伯苓先生正式宣布以"公"和"能"为要求，"公"便是无私无我，"能"便是实干苦干。张伯苓先生提倡"公能"教育，一方面是培养学生公而忘私、舍己为人的道德观念，另一方面则是使学生文武双全、智勇兼备，具有为国效劳的能力。而"日新月异"是希望南开的学生每天都

图 2.1　走廊文化

在进步，要有不断进取的精神。"允公允能，日新月异"作为南开的校训，是对南开系列学校服务社会之追求的集中概括，更是充满活力之南开精神。南开精神是从南开学校的历史发展中凝练出来的，没有凭空的历史，也没有无依的精神。简而言之：秉持南开精神，南开人要努力拼搏、自强不息，以最好的自己面向社会、服务社会。

天津生态城南开小学的校风是"仁爱有礼，和谐有序"。"仁爱"即为宽仁慈爱。《孟子·离娄下》："仁者爱人，有礼者敬人。爱人者，人恒爱之；敬人者，人恒敬之。"这是每个南开学子应有的精神，是他们走进南开必修的一课：学会做人再去做事，拥有博爱的胸怀，拥有上善的心性。"和谐"作为一种思想，是中华民族优秀传统文化的精髓。校风里的"和谐"更强调"和而不同，求同存异"的特点。走进天津生态城南开小学，每位师生都能以容止格言为规范标准，教师工作忙碌而有序，学生活动丰富而多彩，每位师生都能发现自己的优秀潜能并发展自己的兴趣特长。师生之间、生生之间相互悦纳，每个人身上都具有南开的印记。每个学生都是教师心目中一颗闪亮的星星。

学校教风是"明德修业，自强不息"。"明德"即为明白做人的道德准则和要求，教师的才智越是不同凡响，就越是需要思想理念来正确指引方向。"修业"即推广、扩大功业，指在校学习或研究学术。天津生态城南开小学教师的学习、工作是永无止境的，凡事没有最好，只有更好。"自强不息"，指自己努力向上，永不懈怠。在中华民族五千多年的发展中，自强不息逐渐成为中华民族的民族精神之一，这也是南开精神的传承。自强不息教导教师干事业、闯天下，要严肃认真地对待生活，要有积极的追求，虽然在追求过程中总会碰到各种困难和挫折，但面对困境，要不畏艰难，甘愿吃苦；面对逆境，要不惧挫折，百折不挠，发愤向上。自强不息是教师人生昂扬向上的力量源泉，是巍巍南开绵延万代、永远屹立的精神支柱。

学风"切问精思，笃实好学"点出了教育工作者在日常的教学活动中应当督促学生达到的要求。在日新月异的当今世界，终身学习是非常重要的，无论孩子以后从事什么工作，都应活到老、学到老，从书本上学，从社会实践中学，学习他人的优点，不断进取，不断超越自己。“切问”指恳切求教，语出《论语·子张》：“博学而笃志，切问而近思。”强调既要多问问题，又不要好高骛远，不切实际地空想。学习的关键在于自身的体会，一定要切身去问，做真学问，做实在人，这是做人之根本，也是基础教育的重要内容之一。“精思”是读书之法，读书应循序而渐进，熟读而精思。学习应根据自己的实际情况和能力，安排学习计划，并切实遵守。要扎扎实实打好基础，不可囫囵吞枣，急于求成，要认真读书，精于思考，使学生成为一个认真踏实、爱学好问的南开学子。

以上这些都是南开传承至今的优秀办学思想，也是实行当前“中和”管理思想不可忽视的历史源泉和理论支撑。天津生态城南开小学教育宗旨和方针的调整也是与时俱进，与社会发展的需要同步的。

第三节

"中和"管理思想的教育理念阐释

心有方向，才能行有定力。经过沉淀和洗礼，天津生态城南开小学构筑起"中和"管理思想的文化高地，校训已经成为学校精神的源泉，成为全体师生的精神滋养，为学校跨越式发展提供了强大的精神力量。

一、学生的综合全面发展

学校坚持一切为了学生全面发展的办学理念，围绕"注重品德培养，激发学习兴趣；锻炼健康体魄，养成良好习惯"的培养目标，开启学校特色文化建设。这一特色建设，旨在实现在发展中求快乐，在快乐中求发展的育人目标。学校对教育教学管理制度进行建设，用文化营造快乐的教育氛围，打造"和美气质"的校园文化，开展丰富多彩的活动，创设异彩纷呈、激情的校园生活，展现学生的生命本质，促进教师专业发展。

图 2.2　研讨会

南开系列学校的校训中，“能”指能力，涵盖智能、技能、体能以及口才、判断力、办事能力、凝聚力等各个方面的才能。在张伯苓的观念里，知识浅薄是智能不如人，身体衰弱是体能不如人，拙嘴笨舌是口才不如人，遇事糊涂是判断是非的能力不如人，处理事务效果不彰是工作能力不如人，一盘散沙是凝聚力不如人。南开学校就要有针对性地培养、训练学生，使其具备国家、社会所需要的各种具体的能力，让学生们形成爱国的能力，通过实干、苦干、硬干，为国家做有用的事情。“允能”就是要做到“最能”，建设现代化国家，拥有现代化的科学才能。“公”是大公无私，“允公”则是“大公”，不是“小公”，不是本位主义，而是高瞻远瞩，正己教人，发扬集体的爱国思想，消灭自私的本位主义。张伯苓认为，中国人最需要的就是一个“公”字。没有集体观念，没有国家观念，就是没有认识清楚这一个“公”字。一个国家的人民只有除掉自私自利之心，一致为国努力，这个国家才能强起来。因此，他呼吁南开的学生、校友做事“不自私”“肯为公”“持之以诚”“继之以勇”，为国家、为社会承担责任，凡事忘私克私，具有团结合作的精神，取得以公化私的效果。

二、教师队伍建设

必须坚持高水平、有特色的师资队伍建设，这是学校建设发展的关键。结合南开学区教育教学体系的打造，学校坚持引进与培养并举的原则，营造事业凝聚人、感情留住人、待遇吸引人的良好人才成长环境，使人尽其才，才尽其用。学校通过完善激励和竞争机制，加强师德师风建设，建设一支高水平、有特色的、优质的师资队伍。

在学习上，学校教师开展践行社会主义核心价值观的学习教育，人人写出学习体会，并做到自觉践行。学校经常组织教师重温《中华人民共和国教师法》《中小学教师职业道德规范》和学校的各项规章制度，意在提醒教师不能忘记遵守职业道德。学校全力提高教师教学能力水平，帮助教师做好课下备课、课堂上课、课下反思等活动，通过“以老带新”等形式不断提高教师的知识能力素养储备。学校通过一定的绩效考核来完成教师能力水平检测，保证教师队伍建设储备，从而为实现良好的公能素质教育奠定坚实的基础。

在制度上，为确保教师遵守职业道德规范，学校教师对热爱祖国、教书育人、尊重学生、保护安全、遵循规律、科学评价、家校合力、团结协作、良好形象、终身学习等师德师风做出明确的承诺。如果有违反师德师风的行为，天津生态城南开小学将按照责任状中的规定，对教师做出严肃的处理。学校坚持每月对教师进行十个方面的政治思想道德考核，并将其纳入教师学期绩效考核中。学校还不定期让学生和家长对教师遵守职业道德、履行教育职责的情况进行反馈，反馈的结果是学生、家长的满意度都较高。在学习中提高，用制度来规范，用活动来带动，对教师既晓之以理，又动之以情；既宣传法律法规，又提倡奉献精神，这是学校加强师德建设的成功经验。

"中和"管理思想的核心是使学校的各教育因子相互依存、相互促进，每一个因子都依赖于其他因子，动态地呈现出共生与竞争、平衡与发展的状态。学校在教育教学中从教育的本真出发，发掘一切可以利用的育人资源，以培育和践行社会主义核心价值观为主线，创新德育形式，丰富德育内容，积极探讨高效课堂对话式教学模式。

第四节

"中和"管理思想体系的主要内容

天津生态城南开小学不仅是优秀传统文化传承的殿堂，也是激励学生博学敏思、知行合一、德才竞进的一方沃土。学校一直在打造属于南开的教育品牌，致力于推进"中和"管理思想体系的完善与落实，即以"公能"教育为品牌特色，强化学生的主体个性，促进学生全面发展，实现"中和"管理思想体系落地开花。

一、德育立校：以爱育人、与德同行

"中和"管理思想体系坚持面向全体学生，探索符合学生成长规律的教育方法，寻找恰当的特长形成、个性发展的途径，有效推进学生综合素质的全面发展。学校从创办之初，始终践行"以德育人"的教育理念，始终把德育摆在首位，充分发挥课堂主渠道作用，把德育融入各学科教育教学之中，坚持不懈地抓好养成教育，培养学生生活、学习等各方面的良好习惯。学校大力倡导文明礼貌、助人为乐、爱护公物、遵纪守法的社会公德，大力倡导尊师爱生、团结友爱、诚实勤奋、自律自强的美德，关注每一个学生的成长与发展。

二、质量强校：素质教育、养成教育

质量强校的关键在于教师素质的提高，更在于学生能力的提高。打造一支素质过硬的教师队伍，一直是学校致力推进的中心工作。学校以"公能"教育为主线，积极引领教师遵守职业道德，以德为先，率先垂范，做好学生的导师，用心加强教师的师德建设和人格修养，不断完善爱岗敬业、无私奉献、积极进取的教师形象。学校积极开展各种教学竞赛活动和教学研究，通过"请进来、走出去"等方式，促使教师专业成长。学校还将"中和"管理思想教育渗透到学生成长的各个方面，在提高学生素质、培养学生能力上，学校始终倡导教育以人为中心，以满足学生个性化、多样化的学习和发展需求为宗旨，实施人性化的教育方式，更大程度释放学生的潜能。学校坚持发展性评价原则，以学生的动态学习状况为评价依据，对学生进行绿色评价。学校建立综合素质评价体系，为学生建立了个人成长档案，以培养有强烈社会责任感、健康体魄及上善心性的"公能好少年"。

三、特色兴校：传承文化、塑造品牌

走进天津生态城南开小学，这里的一山一水似乎都会讲话、一草一木似乎都有思想、一墙一景似乎都是文章：教室里，精美的板报、橱窗、古诗牌处处散发着文化气息，使学校成为学习的乐园、生活的家园、成长的摇篮。墙壁上、道路旁，一条条警示标语发人深思，潜移默化地熏陶着每一位学生。学校狠抓校园绿化、美化工作，挖掘"中和"管理思想体系内涵，打造"中和"管理文化特色。学校通过办学理念、校训、校风、教风、学风、校徽、校报、校刊、文化墙、宣传牌等载体，通过学校建筑造型、绿色植物景观、人文景点设置，打造"中和"管理文化品牌，营造健康活泼、积极向上的文化环境，大力开展美育教育，塑造学生健康人格。

栉风沐雨，砥砺奋进。天津生态城南开小学早已踏上新时代的新征程，一切从学校的发展、教师的发展、学生的发展出发，书写"中和"管理思想新篇章。

第五节

“中和”管理思想是学校管理的创新

“中和”管理创新体现在两个方面，一是理论层面，二是实践层面。该管理思想提供了一种崭新的管理方式，同时也在实践运用中带来了巨大的收益。

一、“中和”管理思想的理论创新

从理论层面来说，“中和”管理思想放眼于当前的教育生态，从宏观、中观、微观三个层面来解读当前的教育环境，结合教育者本身的实力、教育的自然环境、社会环境以及国家政策等因素，合理制定适应当今社会发展的教学方案。“中和”管理思想运用中华古老的智慧，以中庸的思想来协调和统筹，力图使教育管理理念得到创新。将传统与现代结合，既有传承又有创新，这从理论层面给我们带来一场崭新的教育盛宴，填补了以往教学管理层面中的相关空白，使我们更加鲜明地认识到中华优秀传统文化的作用以及教育教学活动的精髓，对于当前时代有了更好的认识。结合时代要求，培养符合时代要求的新人是教育工作者的使命。综合来说，在教育生态下开展“中和”管理是继承传统、开拓创新的行为，具有极大的理论价值。

二、“中和”管理思想的实践创新

“中和”管理思想作为一种全新的校园管理思想，对于当前的校园运行提供了巨大的帮助。“中和”管理思想不仅仅局限于学生综合能力素质的发展，不仅培养学生的爱国情怀、道德素质、实践能力、适应能力、思维能力、创新能力等，同时还要求教师在校园管理过程中也能够遵循相应的规范。"中和"管理思想同样适用于教师，对教师的师德能力建设提出了一定的要求。教师不再是徘徊于校园管理之外的群体，他们是校园管理的实践者，他们自身的能力水平、师德建设尤为重要，因此"中和"管理思想不仅仅要求学生做到德智体美劳全面发展，做一个符合时代要求的新人，也要求教师能够更加严苛地要求自己。

"中和"管理思想倡导"天地人合一"，在处理人与人、人与自然的关系方面，追求和谐与统一。该管理思想的应用会给更多的学校带来益处。通过天津生态城南开小学的优秀成果，可以看出"中和"管理思想在教育生态下广泛应用是具有一定可行性以及积极性的。它能够促进学校内部良好运行，教师能力提升，学生水平上升；也能够促进整个教育生态的良好发展，使得教师能够做到全心全意坚守本性，学生能够做到刻苦钻研，努力学习，真正让学习和教育成为一件人人都称赞的事情。中国教育改革发展是中华民族伟大复兴的重要任务，教育是民族之本，是社会发展的根源，"中和"管理思想的广泛运用，实际上是在为整个教育事业添砖加瓦。如今学校正以饱满的热情，坚实的步伐向前迈进，不断开创"中和"管理思想体系发展的新局面。

第三章 打造『中和』管理思想引领下的公能校园文化

在教书育人工作中，学校文化意义重大，它不仅能辅助学校管理，还承载美育功能。天津生态城南开小学在深入实施“公能”素质教育的同时，不忘多方建设校园文化，通过在制度管理设计、环境文化建设等方面的努力来打造适合当代学生学习成长的校园文化氛围。天津生态城南开小学以先进文化为引领，进一步强化“中和”管理思想，全面提高教育教学质量，真正落实学生、教师在教育中的主体地位，努力提升学校内涵，走上了教育发展的快车道。

允公允能
日新月異

第一节

以“公能”教育为依托，达成“中和”管理的“四个目标”

教育是一棵树摇动另一棵树，一片云推动另一片云，一颗心感染另一颗心。天津生态城南开小学围绕立德树人的根本任务，坚持以“公能”教育为依托，将“中和”管理的种子播进育人沃土，构建了独具特色的“中和”管理思想体系，达成“中和”管理的“四个目标”——愉悦地工作、融洽地相处、健康地生活、和谐地发展。

一、愉悦地工作

愉悦地工作的决定性因素并不是工资的多少，而是由教师工作的科学程度和效率情况决定的，科学程度高，取得效果好，那么教师会觉得所花费的精力取得了成功，心理上的成就感会很强，这才是决定愉悦工作的因素。这要求教师努力提高自己的工作水平，不断加强学习、实践和总结提高。作为在一所特定的学校里工作的教师，教师团队合作的程度同样也很重要，人际关系和谐与否同样影响着一个人的情绪，所以教师要有较强的合作意识。再有就是教师要有较高的思想境界，眼界越是放得宽的人，越不容易被眼前的琐事干扰，头脑也就越清醒，不仅知道自己该怎么做，还能像旁观者一样能科学恰当地评价自己。

人的一生，如果能够很好地认识自己，那他一定是一个优秀的人。被动地工作是让人非常痛苦的，工作、生活的一切都由别人来安排，自由程度越低，那么我们就越痛苦，所以我们应该充分认识自己和自己所从事的职业，化被动为主动，化不得已为喜欢，自觉地工作，自觉地改变自己，自觉地寻求教师工作的快乐。那么这样，我们一定能够每天愉悦地工作，乐此不疲，会以教育为自己终生的事业。这将是学校之福，教师之福，学生之福，社会之福。

二、融洽地相处

首先是要有平等的观念，干部、教师、学生均要具备这样的观念，观念决定行动，然后才能在每一天的工作和生活中融洽相处。学校以师为本、以生为本、以家长为本，换位思考，多站在别人的角度想一想，设身处地地想一想，就一定能与他人融洽相处。团结协作是现代社会发展的必须，是现代社会的一大特点，谁能具备团结协作的能力，谁就能拥有更多的资源，谁就能融洽地与人相处。各尽其责，相互支持，就会少很多指责，少很多不必要的谈论，就会相互理解，就会赢得别人的尊重，就会融洽地相处。

三、健康地生活

身体是革命的本钱，要让身体健康，就要具有健康的生活习惯。加强身体锻炼已经成为现代人的一大时尚，体育锻炼器材早就已经进入普通家庭。健康的生活既是一种生活习惯，更是一种生活态度。生活健康，既是对自己负责，也是对家庭负责，还是对国家和社会负责。健康生活，还需要心理健康，无论从中医学的角度，还是从现代健康理念范畴来看，心理健康都是健康生活的一个重要方面。

学校在开展教育活动的同时，将学生与教师的心理、身体健康放在第一位。通过健康教育与相关活动提升师生关于健康的理性认识，从小培养学生保持身体健康的良好生活习惯，同时也对在校学生的心理状况进行一定的监测，帮助学生在成长过程中解决各种各样的心理层面的问题，给学生一个良好的成长环境。

四、和谐地发展

和谐的发展是指在校的学生能够在多个层面和谐地发展，不仅仅是知识层面、体能层面、文化层面，还包括基本的道德素质、公德心、责任心的培养。学生通过学校的知识培养课外活动陶冶情操，增强基本的社会道德素质。从小事做起，一步一步培养是南开“公能”素质教育不懈的追求。培养学生拥有一颗滚烫的爱国之心，具有强烈的社会责任感，心系天下、心系社会、心系人民，这是南开精神一贯的传承，也是天津生态城南开小学办学以来的不懈追求和努力。学校通过组织各种各样的活动来锻炼学生，活跃思维，强壮体魄，增强动手与实践能力。课外的交流培养学生多元化思维与包容性和接纳度。除了学生层面的和谐发展之外，“中和”管理也对教师的和谐发展提出了新的要求。

教学相长，教师在教学生成长的过程中也能够获取自身的成长，在教育教学思想、理论、方法等方面有所收获。教师可将课余时间和精力以一定的决心花在教育教学上，一定能获得巨大的成功。终身发展理念可以让教师把终身发展与所从事的工作结合起来，让大脑成为有源之水，让人生成为有根之木，这样教师就会跟学生一样，得到和谐且持续不断的发展。这是当今所倡导的科学发展观的内涵之一。一所学校要想科学发展，教师的发展应该被重视。

第二节

用"中和"管理思想建立现代学校治理体系

天津生态城南开小学是一所高标准、高配置的现代化小学。学校围绕立德树人的根本任务,依据《义务教育学校管理标准》,充分遵循教育规律和学生成长规律,尊重学生个性差异,多措并举,多维驱动,用"中和"管理思想建立现代学校治理体系,为引导学生"扣好人生的第一颗扣子"而不懈努力。

一、优化管理思想,明确奖惩措施

在学校教育管理过程中,很多学校对学生的奖惩方式不明确,学生在学校犯错后,教师不能够及时地纠正他们所犯的错误,致使学生在校期间违反相关校规,校园环境变差。因此,在学校管理过程中,不仅仅要培养教师的教学能力,而且还要注意校园管理方式的改革。在校园管理规范中,学校要以实际问题为导向,制定合理、科学的规定。学生在面对一些新鲜事物的时候总是充满了强烈的好奇心,由于缺乏一定的自我控制力,学生容易犯一些错误,这容易使学生无法在学校形成良好的学习态度,自身的学习成绩也会一落千丈。很多学生在学校不服从管理,这个时候教师要根据学校制定的奖惩措施,以相关管理条例来规范学生的行为。

针对这些问题,学校在培养教师的过程中,引导教师在管理中不能只关注如何进行教学,而应重视对学生学习态度的教育。教师在面对学生管理工作的时候会有很大的压力,教学、生活、学习等方法均包含在管理工作内,压力则来自学校的、家庭的、社会等。教师需要耐心地对学生进行管理教育，如何培养学生在校园生活中快乐成长并且获得存在感是每一位教师在管理过程中必须面对的难题。在新的教育治理背景下，学校不仅需要关注教师教育能力的提升，而且还要注意对管理制度进行改革，在科学的管理制度中引导学生在校园生活中快乐成长。

二、开展实践活动，助力学生快乐成长

学校应提高学生对管理改革的认识。在学校管理改革不断进行的过程中，学生对管理制度认识不清晰，容易导致学生在学校犯很多错误。很多学生面对一些事物的时候，没有合理地规范自己的行为。天津生态城南开小学积极开展相关活动，在活动中给学生宣传校园管理改革的情况，帮助学生在校期间对管理制度有清晰的认识。如教师组织学生听讲座，让学生在讲座中理解校园和谐的重要性，在活动中给学生宣传学校的管理制度，让学生对相关制度规范有清晰的认识，以一定的管理制度帮助学生形成良好的学习态度。

活动后，学校给学生发放校园管理制度手册，引导学生在课堂下对学校的管理改革中需要注意的问题有明确的认识。在管理改革不断深入的背景下，学校以实际行动来管理学生的行为，在实践活动中给学生宣传相关管理制度，给学生提供安全、和谐的校园环境，这对学生在学校的学习成长具有很大的帮助。

三、积极与家长互动交流，形成教育合力

在教育治理背景下的管理改革过程中，教师与学生家长的沟通是学校管理改革的重要环节。很多家长对学生在学校的表现并不清楚，这对学生的成长是不利的。因此，在学校管理改革中，天津生态城南开小学特别注意与学生家长的沟通交流，平时的教学过程中留意学生的状况，及时发现学生存在的问题，和学生家长及时交流，纠正学生的问题。如教师在教学的过程中，会发现有的学生突然在一个时间段情绪异常低落，学习成绩一落千丈。在这个时候，教师应

及时与家长进行沟通交流，发现由于学生家长外出打工，不能在家陪伴孩子，才导致学生情绪起伏影响学习。教师需要仔细观察学生平时的学习状态，当学生遇到困难的时候，教师要像家长一样帮助他们解决问题。

四、构建课程体系，实现教育管理主体化

学校坚持“教育思想是办学的灵魂，教育质量是学校的生命，管理水平是办好学校的关键”的发展观，探索建构“公能”课程体系。

（一）“主体性”德育活动课程管理评价办法

学校编制《南开学子公德修养》校本教材，以校本教材为主线，一是分年段拟定博爱教育、公德修养教育、时代价值观具体目标任务，开展教育活动；二是以《公能德育工作手册》为载体，注重教育活动的过程管理，突出教育活动实效性；三是结合《日新月异成长日志》，编订公德行为修养准则，开展定性评价。

（二）“卓越性”学科课程管理评价办法

学校主要以“卓越课堂”评价标准为主，结合新课程“生命课堂”三个维度（生命成长、生命享受、生命创造），拟定三个核心指标，纳入《公能课堂教学工作手册》进行常规的课堂教学管理评价。另外，针对个别分层教学、分类指导、分组学习的实验学科，以课题研究方式推进和管理评价。

（三）“超市性”潜能课程管理评价办法

学校结合《公能课堂教学工作手册》的编制，将“超市性”潜能课程管理评价纳入其中。“超市性”潜能课程管理评价办法主要以教育活动记录表的方式进行管理评价；同时，以学生潜能展评活动和“公能好少年”竞选活动为载体，评价“超市性”潜能课程；另外，以《日新月异成长日志》为载体，记载评价学生兴趣特长发展情况。

（四）“能力性”校园传统竞赛活动课程管理评价办法

学校主要以《公能德育工作手册》对“能力性”校园传统竞赛活动课程进行常规管理；一学年开展一次对“七大能力”的检测，其结果纳入《日新月异成长

日志》做定性评价。

（五）“健康性”阳光身心活动课程管理评价办法

学校主要以《值周行政一日常规检查》和《公能课堂教学工作手册》进行常规管理；以体质健康比赛和测查进行评价，其结果纳入《日新月异成长日志》做定性评价。

五、现代学校治理活动撷萃

（一）天津生态城南开小学第二届理事会圆满召开

“南小人”用汗水浇灌收获，以实干笃定前行。在2019年12月31日辞旧迎新之际，天津生态城南开小学第二届理事会在生态城投资服务中心一楼会议室召开。出席会议的五位理事分别是中新天津生态城管委会副主任母锡华，天津市南开中学滨海生态城学校校长吕宝桐，中新天津生态城教体局局长刘洪军，中新天津生态城人社局局长孙月，天津生态城南开小学家长代表魏瑞敏，中新天津生态城教体局副局长王军，教育合作科副科长哈清清，天津生态城南开小学杨丽等校领导及教师代表列席参加。

会议在母锡华理事长主持下，首先审议通过学校第二届理事会成员建议名单，随后由杨丽校长就学校特色管理文化建设做工作总结，会议审议通过学校绩效工资调整方案，新方案更加体现“多劳多得、质优多酬”原则，围绕教师主责主业进行调整，未来将采取更加有效的手段措施促进教师工作与成长。

复校两年多来，天津生态城南开小学教职工不畏险阻，笃定前行。参会理事认真倾听学校文化建设工作总结，一致肯定学校两年多来的成长与发展，吕宝桐副理事长回顾了南开系列学校的发展历程，刘洪军理事鼓励学校注重习惯养成和价值观的引领，孙月理事寄语学校务实前行、不负众望，魏瑞敏理事表达了家长们对学校发展的高期盼。理事领导们勉励学校要坚守南开文化的“传承”与“创新”，打造生态城教育的“南小”名片。正如母锡华理事长对学校寄予的厚望一样，天津生态城南开小学要立足生态城教育的高端平台，坚定南开文化的"传承"与"创新",把持教育的核心——"育"的力量,在六年的小学时光中,使南开精神融入到每一个学子的骨血中。会议中,参会领导、教师、家长代表就学校发展凝聚共识、构建蓝图。未来天津生态城南开小学将在中新生态城管委会的大力支持下,在生态城教体局的具体指导下,在社会各界人士的关注下,在全体教师的并肩奋斗下,创造更加美好的未来。

（二）"微服私访"话关怀

复校之初,开学不久,天津生态城南开小学杰美司校区迎来了一位"神秘客人"。在校园里,他慢慢地走着、静静地听着、细细地看着,听教师课堂教学的讲课声,听学生们郎朗的读书声,透过门窗,看教师和学生们的课堂教学和听课状态。他边走边观察学校的教学设施安全等情况,看到两位青年教师在教室里探讨教学设计时,他快步走上前,欣然加入讨论中,给教师具体的指导和建议。随后,他来到办公区,进入一间办公室。

开学伊始,出于对学校工作的关心,教育部门的领导"微服私访",亲自驾车到学校视察开学情况。他除了直接查看学校课堂教学状况外,还与教师们进行了深入交谈,涉及很多问题如从学校课程设置到课堂教学模式,从教学计划安

图 3.1　快乐课堂

排到社团活动，从校本课程开发情况到新入职教师的生活情况……交流在和谐愉快的气氛中进行着，教师们不时发出阵阵笑声。中午，教育部门的领导到餐厅视察学生用餐和伙食情况，并与师生共进午餐。

教育部门的领导对学校教师的工作及饱满的精神状态表示满意，同时又对大家提出了一些建议和要求：天津生态城南开小学复校对于生态城、对于社会都具有很重要的意义，学校要发扬“允公允能，日新月异”的南开精神，承袭南开系列学校多年来积淀的深厚的文化底蕴，适应时代的要求，担负历史的重任，深化课程改革，积极探索，打造生态教育特色学校，为生态城的教育事业和社会做出应有的贡献。

“微服私访”结束了，这次私访不仅仅是对工作的检查，更多体现的是对学校、教师、学生的一种关怀，给师生们带来鼓励和鞭策，增强了大家在新学期、新起点努力进取的信心和决心。

育人之路漫漫，创新无止境，天津生态城南开小学追梦的脚步不止。为了让每一个学生的人生都出彩，让每一朵梦想之花都能绽放，学校将孜孜以求，坚持教育改革创新，坚持立德树人，大胆创新、积极探索，续写教育华美的诗篇。

第三节
营造具有"中和"管理思想的环境文化建设

环境文化是文化体系建设的基础，具有强大的育人功能。天津生态城南开小学完善的校园设施为师生的教育活动提供了重要阵地，让师生教有其所、学有其所、乐有其所，在求知、求美、求乐中受到潜移默化的教育。

一、"中和"管理思想的环境文化建设实施原则

根据教育发展的新形势，天津生态城南开小学以《国家中长期教育改革和发展规划纲要（2010—2010年）》为指导，坚持"以人为本、全面发展、突出特色"，努力实现"为孩子一生的发展奠基"，将"环境一流、设施一流、质量一流"作为工作标准，深入开展以"管理与活动规范化、教学与教研信息化、文化与课程特色化"为具体内容的"办学标准化"建设，构建科学管理机制，建设优美育人环境，形成特色办学风格，深入实施课程改革，提高教育教学质量，全面实施素质教育，努力创办家长放心、社会满意的现代化学校，努力为学生健康成长创造良好条件，为公能素质教育提供优良的环境基础。

二、对校园文化环境的正确理解

对校园文化环境的理解包括广义和狭义两部分，前者是指围绕人的所有客观现实，后者则是指发生在人周围的现实。校园文化环境是文化环境的一种特殊的表现形式，共包含三部分内容：首先，物质环境，即学校的教学设施、地址环

境以及教学空间环境；其次，规章制度环境，是指学校内部组织为规范学生而制定的准则；最后，精神环境，主要包括人际交往以及校风建设等方面的内容。精神环境不仅体现了学校的价值观，还能体现学校各成员的思维方式、行为方式与价值观念等内容。

三、校园文化环境建设与管理的策略

学校高度重视校园文化建设。学校加强组织领导，做到有规划部署、有规章制度、有资金有人员、有场所有活动，着力开展校园文化建设。复校以来，学校着力完善校园文化建设组织机构和各项规章制度，加强领导，为创建文明校园提供强有力的组织保证；着力推进学校基础设施建设，杜绝重大安全事故，为创建文明校园提供坚实的物质基础；着力增强广大师生的纪律意识、健康意识、安全意识和文明意识，开展丰富多彩的班级文化建设与校园文化建设，积淀、深化、升华校园人文精神内涵，弘扬中华民族的传统美德，促进师生良好道德风尚与和谐人际关系形成，形成秩序井然、安全健康、和谐文明的优美校园环境，使学校成为培养全面和谐发展的一代新人的乐园以及精神文明建设的重要阵地。

（一）加强卫生管理

由于在校园环境建设上的投入比较少，很多校园的卫生情况一般，"花园式"学校并不多。在这种情况下，天津生态城南开小学对学校环境进行优先优化，首先解决校园的整洁度问题。具体来说，就是建立完善的评比检查制度以及卫生负责制度，同时配备卫生设施，将校园环境卫生搞好，保证不让过多杂物散落在校园中，地面不会出现烟蒂、废纸以及果皮等，垃圾箱有人管理。

（二）加强校园绿化，美化校园

环境是校园建设工作中的一个重要组成部分，应该结合学校的地理位置、建筑布局等条件，对校园内道路进行合理美化，将树木花草种植于校园中，可以丰富校园内部景色，防止因为设计不妥而产生影响视觉的问题。要将各种树木如乔木、灌木等，不同层次的植物和谐搭配，确保不同种类植物布局合理，将一个优美、怡人、舒适的校园环境呈现给师生。

（三）强化安全保卫

校园管理工作中，安全保卫工作是非常重要的。安全保卫工作直接关系到正常教学秩序的建立，同时对实现培养目标、顺利完成教学任务也非常重要，因此必须将其放在一个重要的位置之上。学校从多方面对相关安全制度进行完善，在防火、防盗及防滋扰等方面下大力气，明确各项管理工作的职责。

（四）完善制度纪律

学校是社会的一部分，并且它属于一个整体，以一个小社会的方式存在，所以有必要利用一定的规章制度，对各部门、各层次、各方面力量进行组织和协调，把制度化、标准化的工作制度建立起来，这样学校相关工作才能够井然有序地展开，从而创设一个文明、有序的文化环境。校园文化建设是学校育人的一项重要手段，通过校园文化建设与管理措施的落实，可以把学校建设成为学生的第二个幸福家园，让他们在其中拥有无限发展的可能性。

韩愈曰：“目濡耳染，不学以能。”学生们浸润在“中和”管理思想下的环境文化建设中，能够收到“随风潜入夜，润物细无声”的教育效果。

第四节

学校制度建设是“中和”管理思想的体现

制度对人的行为具有规范和约束作用，是建立秩序的前提和基础。天津生态城南开小学以制度建设为核心优化顶层设计，涵养“中和”管理思想，让教育的主体学校、教师、学生拥有充分成长的空间。学校充分遵循教育规律和学生身心成长规律，倡导民主、平等、和谐的师生关系，坚持信任、尊重、理解、宽容的教育态度，要求全校教师在教育教学过程中面向全体学生，尊重差异，激发学生学习兴趣与潜能，培养学生的成功体验，引导学生主动参与学习，积极思考，主动探究，自觉实践。学校努力营造“赏识每一位学生”的氛围，主动为学生的终身发展奠定坚实的基础。

一、依法办学方面

（一）强化层级管理

学校实行“两层级、双渠道”的教育教学行政管理体制。“两层级”为校级和组级，“双渠道”为教育管理和教学管理、教学研究。校长与师生发展部、课务拓展部、科研课程部组成校级层次，主要职责是指挥实施决策；年级组、教研组是学校的第二层次，其主要职责是执行校级的指挥决策，完成第一层次分解的各项具体任务。后勤安保管理则要建立以“和谐、高效、安全”为主线的总务管理机制。这种责任和权力的再分工，突出学校各部门的指挥、检查、督促等职能作用。同时，学校提升执行部门即年级组、教研组的责任和权力，缩短校长与执行部门的沟通渠道，增强校长对教育教学第一线的掌控度，提高各方面的积极性，努力使学校管理实现高效、高质。

（二）优化管理程序

学校管理程序是学校管理有序化的根本保证，需要主要抓好三个环节：一是学校行政会议制度，二是教代会制度，三是信息反馈。学校采用教工大会、组长会议、各种层次座谈会及行政干部深入教育教学第一线等形式，及时做好信息传递、反馈，及时做出决策。依据学校发展的总目标，制订出各处室、科组、年级、班级乃至个人的目标，形成有机的目标链，使个人目标、部门目标与学校总目标融为一体，学校通过目标对各部门和每个人进行管理。完善制度管理。学校组织人力修订、编印《管理手册》，把原来不太适应教育教学规律和不太切合学校实际的规章制度予以删除，对未能较好地体现"以人为本、促进发展"的规章制度进行修改、完善，对原有制度中应该有而没有的内容进行补充。

二、民主管理方面

（一）实施民主管理，凝心聚力

制度不仅仅是管理人的，更要内化于教师心中，"感化人、服务人、激励人"。为此，学校深入推行以师生发展为主的本真管理模式，将教师推上自我管理的舞台。在大是大非上讲原则，在小是小非上讲人情。尊重教师人格、情感，关心教师心理需要，尽量让每一位教师都能在教育舞台上唱好职业发展这台"戏"。生日时的一盒蛋糕，节日时的一句问候，生病时的一束鲜花，困难时的一份帮助，工作时的一份指导，成功时的一份激励……细致入微的关怀使每一位教师感受到了学校大家庭的温暖，从而更好地以校为家，全心为家。

（二）体现人文关怀、人文管理

天津生态城南开小学有着健全严密的规章制度和管理机制。学校依据相关法律法规，根据教育规律和学校发展目标，制定了《学校章程》和一整套切实可行、行之有效的规章制度，使人事、财务、招生、教育教学、后勤服务等各项工作都有章可循，能够规范有序地展开。学期初，学校与全体教职工逐层签订教

图 3.2　趣味体育

师责任书，加强教师对师德师风建设、法律法规的学习，引导教师依法执教，自觉践行社会主义核心价值观。学期中，教师充分利用集中学习的时间进行德育相关制度的学习，学校聘请专家对全体老师专业知识技能、心理健康等方面进行培训，竭尽所能地为教师提供外出学访的机会，使其能将学到的新理念、新方法带回学校对其他教师进行二次培训，使学习效果最大化。学期末，加强教师和学科组对教育教学工作的回顾、反思和评估，在评估中注重对不同特点与个性的教师给予不同的评价和鼓励。在教师充分认识到职业成长的重要性同时感受到学校和团队的温暖。

有人说，学校的内部管理就在于一个“严”，对教师学生严要求、严监管、严评价。而在这里，内部管理则是严格而自由，规范而灵动。学校着力引领师生自我管理、主动发展，更体现人文关怀、人文管理。教师可以通过教代会、工会、微信工作群、全体会、校长信箱等多种平台渠道充分表达自己的意愿和诉求，广泛参与民主决策和民主监督；学生可以通过学生会、班委会等组织，反映心声、维护权益，对学校有关事务、教师教育教学工作进行监督和评议。

三、社会参与方面

只有促进学校管理民主化、社会化和开放化，才能更好地办人民满意的教育。为此，学校积极构建家校同盟军，打造学校管理的"第二队"。学校以"自愿自主、自治共生"为原则，建立了班级、年级、校级"三级家委会"。

学校成立家校联动领导小组，以学校校长为核心，全面开展学校家庭教育工作，学校社工走进社区，走进学生家庭。从校级领导负责到年级组长负责，最后班主任老师负责学校家庭教育方面工作。各级负责人经常通过家访、电访或者座谈等方式与家长联系、沟通。学校成立家长协会，做到有制度、有场所，为学校家庭教育工作提供了便利。

学校在每个学期都会定期开展家委会会议，向家长汇报学生的学习生活情况，探讨如何引领后进生，使之成人成才。学校设立兼职关工委主任，返聘一位有丰富学生思想工作经验的退休教师担任兼职关工委主任。学校发挥关工委的组织优势、经验优势和资源优势，与家长合作，开展针对学生的思想工作，使家长成为兴教、支教的同盟军。

管理如大树之根，根深方能叶茂；管理如江河之源，源远才能流长。打造透明公开、和谐融合的管理体系，是学校"中和"管理思想实践的重要一步。天津生态城南开小学坚持尊重师生、依靠师生、服务师生、发展师生的"以人为本"的管理理念，力图通过人本化的学校管理，焕发师生向善向上、有志有为的进取精神，使学生充分感受成长的价值和快乐，使教师深深体验职业的尊严和幸福，从而更好地推进"中和"管理思想的高效运行。

第五节

用“中和”管理思想
打造学校多元文化氛围

百余年来，南开人始终在育人兴国的征途上弦歌不辍，南开人始终坚持南开公能精神的信仰和品格追求，探求着发展道路。今日南开系列学校的育人方向进一步明确，即让每一名南开学子都具有“公能”教育的文化烙印，具有领军人才的创新素质，具有大国少年的国际视野，具有创造幸福人生的健康基础；要使全体学生在适合而有特色的教育中，成长为具有社会责任感、创新精神和实践能力的优秀学生，为将来成为适应社会发展的优秀中国人奠定基础。南开人在教育发展的新时代，不忘初心，乐育英才。

教育的核心是人，成就人的发展是教育的终极目标。天津生态城南开小学一直以“中和”管理思想为切入口，努力汇集一切成就学生发展的教育因素，不断提升管理水平、转换管理思路、探索管理变革、涵养管理文化，通过赋能式管理，唤醒教育共同体中学生的发展需要，建构自组织、自激励、自驱动、自成长的新型学校多元文化氛围，使学生的成长在学校真实自然地发生。

一、多元校园文化特性

经济全球化带来了国际间文化流动，不同国家、不同文化背景的人们进行文化交往的渠道更加便捷，学校多元文化成为必然。联合国教科文组织发布的《教育对文化发展的贡献》对多元文化做出了权威性释义：“跨文化性或多元文化主义意指关于不同文化的知识和理解，以及在一国内部各种文化成分之间和世界各国不同文化之间建立积极的交流与相互充实的关系。当今世界，各个现代国家都不同程度地面临多元文化现象。"

学校多元文化的和谐共存，意味着学校多元文化之间的协调有序。要达到协调有序，需要在多元文化之间建立起对话与沟通机制。学校多元文化主张以兼容并包的态度承认多种文化共存，并且在相互对话与沟通中不断发展。没有任何一种学校文化比其他学校的文化更加优秀，更不能将自己的文化标准强加于其他不同学校的文化。学校多元文化之间不是一种天然对立的关系，任何一种文化的进步都需要吸收其他文化的精髓，在相互对话与沟通中不断进步，获得持久发展的强大动力。学校文化的多元化进程必定使学校受惠于多元的文明成果，达到学校文化永远进步的目的。

二、学校多元文化的育人功能

育人功能是学校文化的本体功能。学校多元文化对学校具有启迪智力、养成道德和发展个性等独特功能。

（一）启迪智力功能

《智力的重构：21世纪的多元智力》一书中提出：智力是"在一种文化环境中个体处理信息的生理和心理潜能，这种潜能可以被文化环境激活以解决实际问题和创造该文化所珍视的产品"。这种观点认为，各种社会文化环境下的人们身上都存在着多种智力潜能，但不同社会文化环境下人们的智力模式和智力发展方向有着鲜明的区别：以航海为生的文化重视的是空间智力，生活在这种文化环境下的人们以空间认知和辨认方向能力的相对发达为智力发展的共同特征；以机械化和大规模复制产品为主要特征的工业社会重视的是"言语—语言智力"和"逻辑—数理智力"，生活在这种社会环境下的人以语言表达能力和逻辑运算能力的相对发达为智力发展的共同特征。多元智力理论在提倡充分发挥学生智力强项的同时，也重视对学生智力弱项进行开发与培养，使学生在面对、解决不同任务时能使自己的各种智力进行"合作"，从而更出色地完成任务。这一理论要求不同个体、不同群体和不同文化背景的人形成学习共同体，并通过合作创造出知识共同体。

由此可见，学校多元文化对学生智力的形成与发展具有重要的作用。首先，学校多元文化的和谐共存，为学习、生活在多元文化氛围中的学生提供多元智力发展的背景和源泉，促进不同智力模式的发展。不同智力模式的学生认知模式不同，他们以各自的方式来认识事物、理解事物，促进自我认知的发展。不同文化珍视不同的智力模式并促进不同智力模式的发展——来自不同文化背景的学生的智力组成和智力特色不尽相同，其智力模式和智力发展方向有着鲜明的区别。其次，不同智力模式之间能够相互建构，形成不同智力之间的“智力合作”，使学生的智力模式更加丰富。

（二）养成道德功能

学校多元文化对于学生道德人格的不断完善、促进学生全面、自由、和谐的发展有积极作用。首先，学校多元文化促进了世界各国学校文化的相互交流与融合，丰富了学校文化宝库。各种文化的相互作用，培植出了新的文化，促进了文化的繁荣发展，进而丰富了学校德育的内容。其次，学校多元文化能够带来不同的价值观念，为学生的价值取向提供更多的选择机会，赋予学生更多的自由和更加丰富的精神世界，更有利于提升学生的思想境界。再次，学校多元文化为培养学生健全的道德人格创造了宽松的氛围。学校多元文化对学生确立道德人格本位的理念、突出道德选择的主体性、提升学生道德主体意识、规范主体道德行为等具有更新、更强的时代意义。最后，学校多元文化的发展增强了民族文化的活力。越是民族的，就越是世界的。学校多元文化的相互交流，使学生在认识异质文化的同时，进一步加深了对本民族文化的理解，从而确认异质文化的特性。通过分析异质文化与本民族文化的不同之处，摆脱本民族文化消极因素的影响，增强民族文化的活力。

（三）发展个性功能

发展个性无论是建设创新型国家的发展的客观要求，抑或个体发展的内在之需，其对学生创新能力培养的重要性已毋庸置疑。创新能力培养的过程就其本质而言是发展人的个性的过程。因为从人的发展来看，没有个性就没有创新能力，良好的个性品格是产生创新能力的土壤。学校多元文化能够促进学生良好个性品质的发展。首先，学校多元文化是对话与沟通的文化，多元文化通过相互交流与融合，带来不同的价值观，满足不同学生的需要，能够不断激发学生的创造热情，锻造学生的创新人格。

其次，学校多元文化是主流文化与个别文化相统一的文化，学校主流文化作为一种共性而存在，而个别文化作为一种差异性而存在，二者实现着共同性与差异性的辩证统一。个性的发展离不开自由的氛围。《学术与政治》一书中描述的科学发现或创新是"发生在沙发之上燃一支雪茄之时，或出现在一条缓缓上行的街道的漫步之中"的灵感闪现。由于学校多元文化是和谐共存的文化，多元文化之间彼此尊重，尊重差异性，尊重多样化，既秉承本性，又海纳百川，为学生的学习与思考提供自由的氛围，促进学生个性的发展。学校应创设宽松自由的氛围，鼓励和保证教师能自由无阻地从事教学和科学研究，为学生个性发展提供良好的服务。

三、学校多元文化建设成果

沐浴"一带一路"春风，天津生态城南开小学复校以来，为了提升国际化视野，办真正有利于学生的教育，提高文化多元建设水平，学校就当代小学的教育发展水平与国外教育团体展开了友好的合作交流与讨论。

为进一步促进学校教育国际化进程，2019年4月29日，学校迎来了新西兰教育代表团，双方进行了文化交流并举行了友好学校签约仪式。在学校领导的陪同下，新西兰奥克兰切尔西小学校长和老师们走进校园，参观周恩来中学时代纪念馆。学校教师安丽婷用英语向来宾们介绍了天津生态城南开小学的历史和周恩来总理的成长史。来访教师时而拍照记录，时而驻足交流，聆听一代伟人的故事。

新西兰代表团一行走入天津生态城南开小学的课堂，体验了富有中国特色的课堂教学。节奏明快的歌曲“If You Are Happy”让来自异国的老师不由地跟着学生们拍手歌唱。学生们在小组学习中专注的神情吸引了来访教师加入课堂，就学习主题与教师进行沟通交流。在音乐课上，刘伟老师带领学生们了解了京剧的起源，感受了国粹的魅力，五彩的脸谱及独特的艺术风格深深吸引了来访教师。在美术课上，张博伦老师带领学生结合汉字的含义及其字形特点进行绘画创作。来访教师亲自拿起国画工具进行艺术创作，亲身体验汉字艺术的魅力，创作了丰富有趣的汉字画作，获得在场师生的热烈掌声。

在学校第二会议室，新西兰教育代表团与天津生态城南开小学的教师团队开展了学校文化建设的交流活动。杨丽校长介绍了天津生态城南开小学的办学历史及学校目前师资队伍情况。校长助理国翠晓从“公能”教育特色介绍了学校“价值链”育人模式。切尔西小学Amanda Douglas校长及奥罗毕学校国际部主任Carissa Hawes女士分别介绍了自己学校以人为本的育人特色。他们提到的根据学生天性因材施教，与天津生态城南开小学教育理念不谋而合，大家就此探讨了“如何让每个孩子都成为最好的自己”。天津生态城南开小学教师

图 3.3　认真上课

根据长期观察学生表现进行形成性评价，引发了在场教师的强烈共鸣。

天津生态城南开小学还与新西兰奥克兰切尔西小学缔结为友好学校，标志着学校开放办学在中外合作领域又迈出了坚实一步。学校以此为契机，厚植爱国主义情怀，增进国际理解教育，拓宽全体师生国际视野，为师生成长搭建更宽广的“公能”教育舞台。

陶行知先生说：“要把教育和知识变成空气一样，弥漫于宇宙，洗荡于乾坤，普及众生，人人有得呼吸。”办人民满意的教育，让更多学子享受优质教育是天津生态城南开小学的不懈追求。蓝图已绘就，奋进正当时。学校的“中和”教育之路才刚刚起步，这棵和谐美好的希望之树正积蓄力量，向阳而生，用繁枝茂叶去呵护生命成长，缔造未来无限精彩。

第四章 构建『中和』管理思想指导下的公能课程

学校的办学理念只有转化成课程内容，才能最大限度地在实践中得到落实。天津生态城南开小学遵循“教育实践个性化”课程发展趋势，以课程建设为中心，为培养“为国为民服务之公德和能力，具有阳光心理和健康体魄”的南开少年，实现“培养具有高尚公德，个性潜能优化的阳光少年”的育人目标，学校提出“教育思想现代化，教育实践个性化，教育管理主题化”的“三化”新品质，建构公能课程思想理论系统、实践模型系统、管理评价系统，形成了天津生态城南开小学公能课程体系。

允公允能
日新月異

第一节

“中和”管理思想与公能课程

教育如何才能更好地服务于学生的发展呢？提供优质的课程无疑是关键所在。这是因为在学校的育人系统中，课程是育人目标和办学理念的直接载体，也是开展一切教学、管理、评价工作的前提和基础，学校对于学生发展的顶层设计必须通过课程这一“中介”才能进入真实的教育场域。从某种意义上说，只有改变课程，才能从根本上变革教育。天津生态城南开小学努力探索并积极推进课程改革的进程。学校一直在思考：培养什么样的人？如何培养人？什么是适合的教育？什么是适合的课程？如何实施适合学生的课程？学校认真分析校情、学情，探寻本真的教育规律，梳理课程体系，充分利用校本资源保障课程的有效实施。学校力争把课程打造成为培养学生学会学习、健康生活、具有人文素养、科学精神的有效途径，这充分体现学校的办学理念，让学生在愉悦的课程体验中感受学习的快乐，在愉悦的师生交流中健康成长。

一、公能课程的课程建设思想

（一）公能课程是接续历史的课程

“公能”是“允公允能”的凝练表达，“允公允能”强调为人既要有公德，又要有能力，要力争做到德才兼备。20世纪20年代，在严修先生和张伯苓先生的共同推动下，“允公允能”被正式确立为南开学校的校训，表明南开学校致力于培养学生爱国爱群之公德以及服务社会之能力。此后一百年的时间里，“允公允能”就成为南开学子和南开教师的教育价值追求。可以说，在南开，“公能”不仅是最广泛的教育共识，而且是最坚实的教育信仰，是南开教育的精神和灵魂。

（二）公能课程是立足当下的课程

在新的历史阶段，世情、国情、民情都在发生着深刻的变化，这对教育事业的战略定位、历史使命和目标任务提出了新的更高要求。党的十九大高瞻远瞩地提出要培养能够担当民族复兴大任的时代新人，这为开展课程建设工作指明了奋斗的方向。公能课程不仅关注课程对学生价值取向的引领和塑造，而且也强调课程要力争赋予学生以建设家园、报效祖国、贡献世界的本领和胸怀。学校将公能课程的时代内涵具体确定为：坚持德育为本的思想，推动"学科德育"向"学科素养"深度转化，将新时期立德树人的要求融合贯穿于各学段、各学科及各领域，全面实现学校、家庭、社会等课程资源的有效整合，创新课程实施方式，贯彻全人教育宗旨。

（三）公能课程是面向未来的课程

课程的核心使命是解决个体经验和人类社会历史经验之间的矛盾，即努力将人类社会的精神文明成果转化为学生个体发展的持久动力。用"公能"的思想统帅区域课程建设，就是希冀为未来的社会建设者提供丰盛的"营养配餐"，以帮助他们获得全面的、个性的、最优的发展。因此，对于当下的教育者来说，公能课程指明了奋斗的方向，即不断探索课程建设与发展的新方案和新方法；公能课程亦绘制了美好的前景，即为学生开发和构建多样、适当、丰富的成长资源；同时，公能课程也表现了持续追寻的境界，即通过变革课程形态、完善课程结构、增强课程功能来培养具有家国情怀、世界眼光的高素质人才。

二、积极规划调整学校的顶层设计

课程是学校教育思想、教学理念的集中体现，也是实现教育目标、支撑办学行为、促进学生全面发展的重要载体。建设科学完备的课程体系是实现学校育人目标和办学价值的关键所在。课程作为育人的关键，直接决定着我们用什么来培养人。因此，学校将课程作为教育改革的根本出发点和核心落脚点，围绕课程这一圆心，积极规划调整了学校的顶层设计，开展了从学科核心素养到课程标准、内容体系、学业质量标准的系列递进式学科建设探索，打造了依托个性化课程资源来助推学生发展的多样化成长方案，构建了课堂优化建设的创新性模式。

公能课程既是南开教育前辈的精神追求和育人信念，也是当下新一代南开教育工作者的价值坚守和教育共识。新时代、新征程，学校课程建设将坚定地秉承“公能”精神、奉行“公能”理念、优化“公能”实践，不断推动课程质量的升级，助力教育优质、均衡、高位发展。

天津生态城南开小学课程体系着眼于实现立德树人的根本任务，遵循课程建设规律和学生成长规律，秉承“公能”教育方向，聚焦学生发展的核心素养，满足不同学生的成长需求，在动态中以课程整合推进育人目标的实现。

第二节

解读公能课程思想的主要内容

"一所真正的学校，其首要培养目标不是得到分数，而是得到人。"学校究竟要培养什么样的人？著名特级教师窦桂梅说："什么样的课程就决定学校有什么样的品质，什么样的课程就决定学生什么样的发展。"课程建设建什么？相关的课程建设基础理论研究必不可少，为确保课程改革发展的科学性、系统性、目的性，学校首要任务应该是明确学校的办学方向、核心思想、育人目标、培养模式、课程建设途径等系列问题。

课程已成为今日学校的核心竞争力，课程建设是学校育人工作的一个杠杆，撬动了学校育人模式的变革，形成学校办学特色。天津生态城南开小学的课程建设根植于百余年积淀的文化传承和育人理念，依托南开"公能"校训，全力打造公能课程体系。学校遵循"教育实践个性化"课程发展趋势，以课程建设为中心，为培养"为国为民服务之公德和能力，具有阳光心理和健康体魄"之南开少年，实现"培养具有高尚公德，个性潜能优化的阳光少年"育人目标，提出了"教育思想现代化，教育实践个性化，教育管理主题化"的学校转型"三化"新品质，建构了公能课程思想理论系统、实践模型系统、管理评价系统，初步形成了天津生态城南开小学公能课程体系。

一、确立公能课程建设指导思想

南开公能课程建设面对学校转型要求，紧紧围绕贯彻落实《国家中长期教育改革和发展规划纲要（2010—2020年）》和教育部门关于"教育内涵发展"系列文件精神，紧密结合教育转型期追求教育个性化发展趋势和21世纪成功人才七大能力素养要求，坚持传承“公能”教育办学特色及优良传统，突出现代学校建设课程中心论标志，以学校内涵发展“学生发展、教师发展、课堂变革、课程开发”四大要素为主题，牢固树立“教育思想是办学的灵魂，教育质量是学校的生命，管理水平是办好学校的关键”的发展观，传承建构南开教育新品质，追求“公能”教育办学思想、教育实践、校园文化建设新发展，努力践行“具有鲜明个性化的南开公能教育新品质区域名校”发展战略，初步实现南开教育思想现代化，引领南开教育实践个性化发展，最终建构起能充分体现南开“公能”教育办学特色的校本化课程体系——公能课程。

二、建构公能课程思想理论体系

“允公允能”意为既有公德，又有能力，德才兼备，就是要让学生既要有“爱国爱群之公德”，又要有“服务社会之能力”。前者“公德”是对治疗国人“私”和“散”的良药，其重心不仅仅是要求学生具有良好的个人道德修养，更应该具备一定的公民责任感和社会责任感。后者“允能”是强调学生服务社会的能力，

图 4.1　阳光体育

对治"愚、弱、贫"。"日新月异",就是指每个人不但要能接受新事物,而且还能成为新事物的创造者;不但要赶上新时代,而且还要能走在时代的前列。

课程建设紧紧围绕"追求教育转型期南开教育'三化'新品质"办学方向,学校建构了"'三化'新品质"之南开教育思想现代化——公能课程理论体系,全面引领学校课程建设。公能课程理论体系建构如下:

(一)三个核心思想

校训:允公允能,日新月异。培养学生具备为国家、民族服务的公德和能力,不断追求进步和发展,成为能够满足国家、社会、时代需求的人才。

办学理念:让每个孩子都成为最好的自己。以爱国爱民之精神为灵魂,公能兼修,为幸福未来奠基。

"公能"教育观:爱为灵魂,公能兼修。"公能"教育观具有两大内涵:一是给予教师最大的爱是自主发展,二是给予学生最大的爱是快乐成长。

校训、理念、教育观是办学的核心思想,是一所学校对其文化传统、文化精神的理性和认同。实践证明,"公能"是具有南开文化传统和文化精神特色的。它作为南开的一种人文底蕴、学脉渊源,一种精神所向,一种凝聚力,不仅塑造了南开鲜明的办学特色,而且成为贯穿于学校历史的、内在的、能赋予学校永久生命力的精神力量。深刻的道德力量,巨大的感召力量,启迪陶冶了数以万计的南开人,培养出代代英才。

(二)三个转型定位

1.办学思想转型定位。教育价值取向:从过度追求现实功利,转向促进学生全面发展;教育质量评价:从过度注重学科知识成绩,转向全面多元综合评价;学生培养模式:从标准化同质化教育,转向注重需求导向的个性化培养;教师专业发展:从强调掌握学科知识和教学技能转向注重专业素养和教育境界提升;学校管理方式:从单纯地依靠行政命令,转向更加强调主体化发展的依法治校道路。

2.办学目标转型定位。学校发展目标:具有鲜明个性的南开"公能"教育新品质区域名校。学生发展目标:具有高雅品质(为国为民之公德)和个性潜能优化（为国为民之能力）的阳光少年。教师发展目标：突出“教育境界化”发展主题，建设一支“学术型+骨干型+专长型”的“三型”师资队伍。

3.培养途径转型定位。高雅品质：主要以“主体性”德育活动课程建构为载体，建构博爱南开、优雅南开、时代南开三个序列的“主题性”德育传统活动体系，突出对“为国为民之公德”的培养，实现学生高雅品质之育人目标。个性潜能优化：主要以教学活动为载体，建构“卓越性”学科课程，“超市性”校本课程，“能力性”校园传统活动课程三个序列课程，突出对“为国为民之能力”的培养，实现学生个性潜能优化之育人目标。阳光少年：主要以“健康性”阳光身心课程为主要载体，建构心理教育、分层体育教育、辅助拓展体育运动三部分组成的阳光身心课程，突出对“为国为民之健康体质”的培养，实现“阳光心理，体魄健康之少年”的育人目标。

第三节

用"中和"管理思想构建学校公能课程体系

为了培育学生的良好素养，天津生态城南开小学本着"无处不课程、无事不课程、无时不课程"的大课程观，从实际情况与办学特色出发，着眼于促进学生全面而有个性的发展，促进教师教学实践能力的提高，促进学校整体育人质量的提升。学校将国家课程、地方课程和学校课程融为一体，构建校本化、特色化、生本化的公能课程体系。学校弘扬百年南开精神，从"公能"教育的高度出发，以"中和"管理思想为引领，建设和谐发展校园，营造促进每个人主动发展的学校文化，注重能力的生成和发展，关注素质的培养和提升，为保证每一个人的主动发展奠定必要的环境与条件基础。

一、建构"主题性"德育活动课程

学校依据"公能"教育人才培养目标确立的"高尚公德"目标，按照"高雅品质"的目标培养途径，以培养高尚公德修养为目的，围绕"博爱教育、绅士淑女修养教育、时代核心价值观教育"三大主题，以研究编订《南开公德修养》校本教材为载体，以课题研究为推进方式，汇集博爱南开、优雅南开、时代南开三个序列的德育活动内容，探索建构"主题性"德育活动课程。

二、建构"卓越性"学科课程

学校依据"公能"教育人才培养目标确立的"个性潜能优化"目标，按照"个性潜能优化”目标的培养途径，以培养学生综合能力和学科知识为目的，推进学科课程校本化变革，努力实现研究确立“生命成长、生命享受、生命创造”三个核心评价维度（指标），追求课堂“生命成长、生命享受、生命创造”的新课程生命课堂实质性变革。一是打破班级制，以年级为单位分层，探索个别学科（音乐或美术或体育）的分层教学实验；二是主要学科坚持“学本式”卓越课堂之小组合作学习方式，探索分组教学实验；三是以“超市性”潜能课程建设为载体，探索分类教学实验，从而实现课堂“分层、分组、分类”的新课程方向性变革。坚持“学本式”卓越课堂变革思想，追求课堂自学、互学、展学的新课堂形态变革，从而建构校本化的“卓越性”学科课程。

三、建构“超市性”潜能课程

学校依据“公能”教育人才培养目标确立的“个性潜能优化”目标，按照“个性潜能优化”的目标培养途径，以激发学生兴趣爱好、促进学生兴趣特长发展为目的。一是利用每周一下午第三节校本课程时间，由特长教师和高年级特长学生自主申报，开设兴趣潜能课程；二是利用放学后的时间，由家长自主申报专题讲座和引进社会资源开设兴趣潜能课程；从而建构由教师层面、学生层面、家长社会资源层面组成的“宝塔形”的“超市性”潜能课程，为学生提供丰富的兴趣课程，满足学生选择需要。

四、建构“能力性”校园传统竞赛活动课程

学校依据“公能”教育人才培养目标确立的“个性潜能优化”目标，按照“个性潜能优化”的目标培养途径，以培养21世纪成功人才必须具备的七大能力为目的，有针对性地建构“七个家”系列校园传统竞赛活动课程。

五、建构“健康性”阳光身心活动课程

学校依据“公能”教育人才培养目标确立的“阳光少年”目标，按照“阳光少

年”的目标培养途径，以“培养阳光心理，健康体魄之少年”为目标，建构由心理教育活动课（朝会教育、心理辅导）、校本化体育课（分层教学实验）、辅助体育拓展活动课（拓展大课间、拓展年段段体育训练）组成并内化的“健康性”阳光身心活动课程。

公能课程的实施使教师的教学目标观由“知识本位”走向“能力本位”；使学生的学习方式由被动接受转变为主动合作探究；将教学空间由学校、课堂拓展到家庭、社区、社会，形成学校、教师、学生、家庭、社区、社会全方位的教育互助，最终实现学生核心素养的形成与提升。学校课程建设事关学校的品质，只要我们坚守课程改革，就会拥有桃李满天下的时刻。天津生态城南开小学公能课程体系的实践建构，是基于教育基本规律开展的。学校立足教育的根本任务，不断地对课程体系进行完善和补充，使课程始终处于动态的调整之中。通过不断地完善和整合，各类课程分工协作，构建起科学有效、特色鲜明、易于操作的课程体系。

第四节
建设具有“中和”管理思想的公能特色课程

天津生态城南开小学的课程体系建设涵盖学校教育的各个方面，反映学校的育人理念。学校课程建设充分把握分层性、选择性、整合性、独特性等原则，脚踏实地做好课程建设实践探索，积累了实践经验。在各项教育环节中，学校始终把学生作为主体，让学生成为主角，注重资优学生综合素质的培养和锻炼，全面提升学生的关键能力，发现、发掘与发展学生的潜质，推动创新人才的培养。

一、认清形势，着眼大局，在校本课程中提升学生核心素养

课程是学校教育的基础，要使学生发展核心素养落到实处，首先需要将核心素养纳入课程中去。学校层面要做的，就是以核心素养为统领，整合、改造、优化现有的课程及校本教材。具体做法如下：丰富课程内容，增加多种选修课、兴趣课，从而满足学生多样化的学习需求，培养学生的各类核心素养与关键能力；增加体验类、实践类、服务类课程，构建学生社团组织；使学生从参与者转变为组织者，在组织与实践活动过程中体验成功，体会快乐，促使知识、能力转化为学生的核心素养；打破现有各学科单打独斗的功能，推进各学科之间相互融合；以不断提升学生的“核心素养”为目标，把各学科知识贯通起来，形成学生素养和能力。

二、以生为本，全面发展，建立校本课程活动体系

活动内容设计中，学校着重以学生兴趣、办学特色、开发潜能为主，影响和引导学生，不加勉强和强制，以合致和，努力让学生按照自己的喜好在校本课程中自由探索、自主实践。经过多方努力，学校的校本课程初步实现了课程化、系列化、生本化、多元化。课程中每一次的动手动脑都是学生智慧能力的积累，每一次的探索实践都是学生生命体验的丰富。

三、激活校本研修系统，助力教师专业发展

自《国家中长期教育改革和发展规划纲要（2010—2020年）》提出"为每个学生提供适合的教育"以来，从教育管理者到一线教师一直在努力探寻，试图找到最适合的方法，引领学生健康快乐地成长。学生的成长离不开教师的点播，教师的专业发展又深深影响着学生的成长。联合国教科文组织、经济合作与发展组织（OECD）都强调教师专业发展在教师专业化过程中的重要性。经济合作与发展组织通过教师教学国际调查结果分析得出结论：以学校为基础的教师专业发展活动效率最高。"基于学校的专业发展活动"是指基于学校环境持续开展的教师学习活动，在这些活动中教师与同一所学校的同事合作，重点关注实践中的问题，聚焦真实的学生作业和课程案例。此类专业发展活动，对提升教师所教学科的知识理解和教学能力、学生评价和评估、学生行为与课堂管理、跨学科教学技能等方面的教学实践水平有积极作用。

因此，如何引领教师专业发展至关重要，在思考和实践过程中，校本研修成为关键一环。样本研修以学校为基础，强调把学校作为教育教学研究的基地，教师是教育教学研究及促进学校和师生共同发展的主体，以在课程实践过程中所面临的教材、学生等各种具体问题和困惑为探究对象，依托学校的校本研修系统，实现自我成长和专业发展。

（一）整合学校各项资源，提升教师专业发展素质

校本研修是以提高教师教育教学和教科研能力，促进学校和师生共同发展为最终目标。校本研修是通过理论学习、实践观摩等方式，使教师主动并乐于接受的一种校内在职研训学习。学校以区块链的思维模式将校本培训、校本课程、校本管理等有机地结合起来，从而实现相互信任、资源共享、同伴互助，促进教师个体专业发展和群体业务水平普遍提高的共赢目的。

1.整合集体备课组内资源，增强集体备课效果。发挥集体备课组组长的作用，组织调剂好组内教师每学期所准备的交流内容。本着各尽其能的原则，围绕教材内容，普通教师首先选择，难度大一些的授课内容通常由骨干教师承担；集体备课组每周定时开展活动，教师分别讲解自己所负责的那部分教材内容，说出怎样设计教学、为什么这样设计等。让每一位教师以研究者的眼光审视、分析和解决自己在教育教学中遇到的实际问题，在教案设计过程中须有留白，让每位教师在集体备课活动中整合大家的教学思想，不断补充自己在教学实践中的思考，完善自己的教学行为。

2.整合教师人力资源，增强师徒互勉共进。为了进一步培养青年教师队伍的专业能力，注重教师的整体发展，让每一位教师都成为行家里手，学校采取多种措施关注教师的自主发展，提供支持教师发展的环境。学校整合各学科骨干教师资源，坚持在校内开展“认师傅、结对子、带徒弟”活动，即由骨干教师与青年教师结对子，由“一对一”的单向结对逐渐发展为“一对N”的多向结对，学校对徒弟教师实行重点指导，在专业发展的道路上，对他们的成长过程实行跟踪指导。

3.整合职能部门资源，构建研修互动互助平台。学校将教科处、年级组、研学组、备课组的力量整合起来，定期开展校级研修互动互助活动，组织各部门教师进行异人同课的说课、观摩课等展示活动，鼓励教师运用人工智能等多种媒体平台进行上课、说课。然后，引导教师积极评课，研讨交流，分析不同类别主题的教学内容的设计优势和存在的问题，在思想碰撞中，教师如同把自己的教

育教学行为照了镜子，结合学情，认真思考，汲取精华，及时弥补自己的不足。这提高解决教学实际问题的能力，同时也促进师资队伍整体素质提升。

（二）促进有效自我反思，提升教师专业发展需求

教师成长基于其对教学经验的总结和反思。教师反思过程就是教师对自我教学行为及结果的审视和分析过程。反思是校本研修活动的基础和起点，教师应善于在实践中提出问题，同时又能回归实践活动中解决问题。教师通过自我反思、自我总结，写出自己教学过程中的得与失，更好地实现发现自我、更新自我、提高自我、发展自我的目的。

1. 以马斯洛的"需要理论"为依据，驱动教师专业发展的动力，将理论学习纳入研修内容，挖掘教师自我价值体现的内驱力和原动力，实现教师对自身专业发展的憧憬和追求，将教师自己默认的被动受训者的客体地位转变成主动研修者的主体地位。

2. 以引领骨干教师专业发展为龙头，探索骨干教师成长的规律，在指导学校骨干教师写好个人反思的同时带动其他教师共同参与其中，在反思中改进，在改进中满足教师专业发展需求。

3. 以外出学习为契机，重视每一次外出研修、听课、听讲座等活动机会，外出教师撰写相关学习心得和思考，回校后与大家分享交流，开阔校内教师的思路与眼界，激发教师的专业发展需求。

4. 以科研课题研究为引领，这是教师认知升级的过程，是使教师知识不断更新、知识结构不断改善并趋于合理的过程。教师通过科学研究的方法，探寻解决教育教学问题的途径，而且通过教科研来弥补自身知识、技能的缺陷，转变教育观念，并能及时总结积累经验，升华教育认知，提升教师专业发展需求。

5. 以课后反思为着力点，注重在教案后面写好"教学反思"，重点把课堂临时生成的事件，如何自然地处理，如何使教学环节无痕衔接，如何培养学生将知识有效地迁移并转换成学习力等方法都记录下来，作为教学研究、交流分享的资料，扎扎实实做好服务教师专业发展各项需求的过程管理。

6. 以教育教学活动为平台，展示自我研修、同伴互助的成果。使学校教学骨干、研学组长、备课组长率先垂范，带领所有教师定期在教学沙龙、教学辩论会等活动中交流自己教育教学过程中的方法、体会、反思等，在教师个人的专业发展道路上发挥蓄势蓄能的辅助作用。

教师自我反思是教师自发表现出来的对自我教育行为的一种关注和反省，同时又是结合具体的教育教学情境，对达成教育教学目标有意识的思考。正如我国著名的心理学家林崇德教授所说：“如果一个教师仅仅是满足于获得经验而不对经验进行深入的思考，那么即使他有20年的教学经验，也许只是一年工作的20次重复。”可见教师个人反思能力对于促进教师专业发展的重要性。

（三）加强学科研学组建设，提升教师团队生发能力

学科研学组是教师专业发展的主要环境，研学组同伴研讨等活动是教师提高专业素养的重要途径。教师的专业发展不仅要靠自身的发展目标定位和不懈努力，还要靠宽松的环境、良好的机制激励。没有制度的管理和约束，没有良好的激励机制，校本研修活动将失去凝聚力和生命力。把校本研修活动与学校及教师的个人发展相结合，逐步形成开放、民主、有效的各项制度，以这些制度做保障，明确研修任务，加强过程管理，才能有的放矢，更好地激发团队研学活力。

1. 在原有学科研学组管理制度的基础上不断完善，确立学校督学定向、定性督查指导，研学组长整体规划布局，备课组长具体实施的研学组管理网络。弘扬集体意识与协作精神，发挥学校骨干教师的示范带动作用，使个体有特色、群体有优势，促成校本研修系统的有效运转。

2. 建立乐群的竞争评价机制，使研学组获得可持续发展的动力。采取横向和纵向交错，整体性、多元性、综合性评价，在对教师教学质量的评价措施上既注重教师个体层面上开展的各种超越自我的评优活动，又关注教师群体相互协作的各种竞赛活动，强化组内成员的聚合力和组际之间的竞争力，以促进组内成员的自主合作及共同发展。评价研修效果时注重考察教师的行为改变和思

想的创新性，以增强教师在专业发展过程中的重塑性和递进性。

3.将科研与研学有机结合在一起，改变科研活动只是围绕一个固定的课题做单调周期研究的做法，使科研与研学紧密结合在一起。遵循“问题即课题、教学即研究、成果即成长”的原则，从课程、教法、关键能力、学生素养等方面展开研究。为了使各学科研学组教师迅速成长，更好地进行教育教学工作，学校注重支持骨干教师承担各级科研课题，指导青年教师围绕问题进行自己的小课题研究，从日常的教育教学中找选题、从成功的教育教学经验中找选题。在教科研的动机上，注重“内需”；在教科研的选题上，注重“创新”；在教科研的实施上，注重“过程”；在教科研的评价上，注重“实效”。

以教科研能力的提升促进研学组成员整体教科研水平的提高，坚持以关注教师专业发展为根本，以促进学生的健康成长为宗旨，以课程实施过程中教师所面对的各种具体问题为研究对象，向教学实践回归，凸显教师专业发展的可持续性以及促成教师团体生发能力的整体提升。

（四）拓展研修深度和广度，刷新教师专业发展空间

校本研修系统需要教师自觉主动地参与和激活才能更加有效。激发教师自主参与研修活动的积极性，有效激活校本研修系统，拓展研修活动的深度和广度，才能更好地将教师的自我发展需求显性化。把研修学习的内容与教师自我发展目标结合起来，各取所需，以保持目标的激励导向作用。促使教师积累经验并逐渐自觉地调整自己的教育教学行为或引起行为潜势的改变，积蓄教师可持续发展的不竭动力。

1.构建研修网络。即实施三级分层研修网络：集体备课研修（同年级同学科研究），研学组研修（不同年级同学科研究），校级研修（不同年级不同学科研究）。每周按时按计划实施活动，学习研修、专题讲座，或教研沙龙等，及时、准确地找出并解决教师教育教学中存在的问题和困难。

2.更新观念，认知升级。坚持业务理论学习，让教师意识到只有不断学习、思考、交流、实践才是专业成长和发展的根本，培养教师向终身学习型教师转

化。组织教师结合自己实际工作认真学习教育教学的新理念，学会理解和吸纳，对自己的教育教学行为及其相关结果的有效性进行反思、评价，积累鲜活的一手资料，形成有价值的教学反思、教育札记、教育叙事和教学工作总结等，以达到良好的效果。

3.延展研修学习通道。为了避免教师出现“高原期现象”，学校一方面积极为教师提供外出培训学习的机会，通过汲取外面先进的教学理念和经验，提升教师专业水平和能力；另一方面聘请校外各级专家、名师走到教师身边，开展手拉手教学指导和专业引领活动。

4.以课堂为载体。课堂是校本研修的根，教师应扎根课堂、研究课堂。一是教研组互相听课、评课，从“对学生关键能力培养、对学生审辩思维培养、课堂多元文化渗透、崇尚科学的创新品质”四个维度讨论，共同分享经验，提升教学智慧；二是针对教师上的某一堂课在组内进行说课、评课以提升驾驭生成环节的能力；三是开展同课异构、同课同构、微课展示等课堂观察磨课活动，达到相互学习启发借鉴，实现共同进步的目标。

5.建立微论坛。发挥网络时代的优势，在校园网络平台上按计划列出不同研修专题，以学分制管理方式鼓励教师跟踪互动，分享自己的教育教学故事，并

图 4.2　新生开笔礼

在交流互动中提出自己思考的问题，不同的信息交织、汇集、重组，新的思想不断闪现，形成多种信息资源的交融创新。

6.创设校本研修资源库。为了夯实校本研修的过程管理，促进教育教学研究成果的转化和推广，学校可根据教师自身发展的实际需求，整合校内外各项资源，积极创设网络校本研修资源库，将学校教师的成功教学案例、教育教学心得，备课组的说课、评课材料，研学组的课题研究材料，教科处教案评优推选的优秀教案、优秀展示课的影像资料，自我研修的学习材料等进行及时收集整理，分类呈现，规范管理。帮助学校教师留下职业生涯的成长足迹，同时让思想创新的火花落地生根，便于每一位教师学习品鉴、参考吸纳、践行超越。

校本研修是教师专业发展需要的一种环境、一种空间，更是一种文化。因为教师的工作不仅是一个研究课程、研究教材、研究学生的过程，也是一个不断研究自我、提升自我的过程。校本研修帮助教师进行系统的全面反思，总结经验体会、提炼研修成果，发现新的问题并寻求相应的对策。教师只有注重自己教学实践经验的累积，促进认知提升，才能不断提高自己的教育教学质量。校本研修系统一方面促使教师的教育观念逐步更新，师德素养和教育教学、教科研能力都得到提升，另一方面也调动了许多教师专业的发展积极性，激发了教师对循环往复工作的创新热情，为每个学生快乐健康地成长提供适合的教育，奠定坚实的基础。

第五章 用『中和』管理思想培养『公能好教师』

古之学者必严其师，师严然后道尊。欲培养人才栋梁，加强教师队伍建设必不可少。教师是学校发展的第一资源，是立校之本、兴校之基、强校之源。只有培养一支师德高尚、业务精湛的教师队伍，才能担当起立德树人的重任。天津生态城南开小学坚持全面深化教师队伍建设改革，构建了全方位、多元化的教师成长体系，并针对教师的发展需求和能力水平，用“中和”管理思想培养“公能好教师”，助力教师队伍建设驶上“快车道”，为未来教育的腾飞打下了坚实的基础。

允公允能
日新月異

第一节
传承南开教师精神，造就新现代教师

习近平总书记在全国教育大会上指出："一个人遇到好老师是人生的幸运，一个学校拥有好老师是学校的光荣，一个民族源源不断涌现出一批又一批好老师则是民族的希望。"习近平总书记的论述表明，教师承担着培育英才的时代使命，这关系到国家与民族的未来，绝不能忽视怠慢。因而，将教师队伍建设作为基础工作，在教育事业中不断加强与推进，是中华文明薪火相传的重要依靠，更是实现中华民族伟大复兴的现实要求。加强教师队伍建设，提高教师队伍素质，不仅仅是学校应尽的责任，还是教书育人的根本所在。学校加强教师队伍建设，引导教师以德立身，提升教师综合能力，促进教师专业成长。

一、优化教师培训模式，促进教师专业成长

"与人合作，产生共赢"是教师应具备的核心素养之一。教师专业水平的提升更需要教师学会合作。学校努力为教师搭建展示自我的平台，通过多措并举，不断调动教师专业发展内驱力，将"勇争第一"的信念植入每一位教师的心田。

（一）构建塔式教师培养结构

学校强调团队精神和共同成长，充分利用学校自有的各层级骨干资源，发挥引领辐射作用，建立塔式培养结构，各层级骨干教师都有明确的培养目标，针对不同的教师群体，规划目标、强化责任，鼓励他们敢为人先，做到教师培训无盲区。

（二）精准帮扶，做到因人制宜

青年教师是学校的未来和希望，学校采用高端引领与常规引导并举、观摩学习与交流研讨结合的方式，搭建互动学习平台，有力地促进了青年教师的专业发展。学校为青年教师和骨干教师搭建起"相互为师"的平台，经验丰富的骨干教师为青年教师做教育教学帮扶引领。反之，青年教师充分发挥信息技术水平高、接受新鲜事物快的优势，成为带领老教师共同追赶时代步伐的合伙人，在互帮互助中教师们各展所长，共同发展。

（三）信息助力搭建多重平台

"互联网+"时代，信息的获取方式更加多元。学校充分利用网络教研平台提升教师专业水平，打破传统的听课、教研模式，利用网络和录播教室，使教师通过网络平台实现对同一内容跨时空研究学习；实施开放式议课，使教研活动更加高效，助力教师树立专业理想、丰富专业素养、提升科研水平，形成凝心专业成长、彰显特长的积极局面。

（四）加强班主任队伍建设

班主任是教师队伍的重要组成部分，是学校教师队伍的核心力量，是一个班级的组织者、管理者、领导者，肩负着督促指导学生较好地完成学习任务的重任，是学生思想道德教育工作的骨干、沟通家长和社区的桥梁。因此，班主任培训工作是学校教师队伍建设工作的重要内容，是学校做好教育教学工作的基本保证。学校加强班主任队伍的建设水平，严格落实班主任例会制度和培训制度，持续推进"我的治班方略"论坛，增强班主任的育人意识和育人能力，形成了"研修主题课题化、研修行为自主化、研修内容系列化、研修活动制度化"的班主任校本研修格局，让班主任的专业成长根植于先进的教育理论和鲜活的教育实践的沃土中，促进班主任队伍的专业成长。

二、创新特色教学活动，培育学生核心素养

学校高度强调未来世界人才应具备的核心素养，从为学生未来成长所必需

的关键能力和必需品质的角度，构建学校的课程文化，确立崭新的课程生态观，促进学校课堂教学模式的形成与完善。独具特色的系列教学活动构建起鲜明的课程文化，为师生共同发展创设了良好的氛围。

（一）“学案导学”深化教学研究

学校积极探索利用信息技术深化教学改革新途径，努力搭建交互式学习平台，满足学生个性需求。围绕“学案导学”的探索研究，形成了将教师的“三备”和学生的“三案”在每一课中相因相生，形成闭合的动态循环的教学模式，敢于直面学生的学习现实，放手让学生去经历、去探索、去体验、去成长，使学生在个性化的学习体验中，提升学、思、做、创的能力，真正为培养学生的未来学习力奠基。为确保课改扎实有效，学校还围绕对“学案导学”教学模式的探索研究，逐年细化研究目标，开展系列活动，通过导学案设计大赛、课堂教学观摩活动、“学案导学大家谈”等不同形式，提升模式与学生的契合度。

（二）开展特色主题学科活动

教育教学改革最终的指向是学生各种核心素养的形成，实现立德树人的目标。为了让学生充分感受学科的魅力，体验学科学习的价值与快乐，丰富多彩、各具特色的学科月活动陪伴学生走过了四季，扮靓了他们七彩的校园生活。同时，学校发挥微信公众平台、学校官方应用软件、班级博客、红领巾电视台的作用，开展了推送学科微课、网络调查自主学习、学科系列游戏等充满趣味性、实践性、体验性和生活化的学科活动。丰富多彩的活动，大大提高了学生自主学习的兴趣，使独立思考、动手实践、探究质疑的核心素养在丰富的学习活动中生成。

三、同心同德蓄力向前，群星闪耀铸就辉煌

在锻炼自我、超越自我的基础上，学校提升了全体教师的师德水平，形成了积极向上、和谐进取的校园文化。

（一）精神引领感受职业幸福

学校坚持以人为本的管理理念，为全校教师打造"家"的文化氛围，以增强广大教师的幸福感和责任心。教师们心怀感恩，心系家园，他们无私奉献、敬业爱生、舍己为人、追求卓越，他们互敬互爱，团结一心，共同为建设自己的"南小家园"群策群力，尽其所能。学校重视榜样的引领作用，通过开展优秀学科组、优秀教师等评选活动，弘扬正能量，激励全体教师厚德笃学、进取求新。

（二）专业成长创造璀璨明星

学校要求新入职教师要在全体教师面前签订师德承诺书，并亲自递交于校长。除此之外，全体教师坚决执行《中小学教师职业道德规范》和"教师十不准"。学校用这种庄严的形式，提升教师职业神圣感，激发教师责任心，促进其在日常教学工作中严格要求自己。为加快造就一支素质过硬、业务能力精湛、育人水平高超的高素质专业化教师队伍，学校在校长的带领下，积极开展师德教育课。师德教育课的开设，使得教师们得以用先进理念武装自己，不断提升自己的思想境界。此外，学校将师德纳入各项管理制度，在评优晋级中，如有违背师德现象，实行一票否决制。通过各种行之有效的措施，督促教师们均以高尚的师德履行好职责，为教师队伍的建设保驾护航，为学生营造良好学习环境。

立足于学校实际，天津生态城南开小学积极思考、积极实践，扎实开展丰富多彩的教师培训活动，激发了教师的自主性、积极性与创造热情，使教师从被动的参与者变为主动的承担者，切实提高了教师的教育教学和研究水平，有力地促进了教师的专业化发展，促进了学校的可持续发展。

第二节
打造以仁爱为怀，以服务为旨的“大我教师”

教师是立教之本、兴教之源。教师的成长是学校发展的重中之重，他们是学校办学理念最强有力、最持久的执行者。教师的培养事关学校教师队伍的教学水准，这既是对学生的负责，也是学校未来发展的保障。高素质的教师队伍是办好教育的基础与前提，抓好师德师风是建设高素质教师队伍的内在要求和重要保证。天津生态城南开小学深入开展了一系列激活教师工作热情的活动，全力打造以仁爱为怀，以服务为旨的“大我教师”。

一、师德修养方面

（一）营造良好气氛

学校一直注重提升教师乃至名师的素养，夯实学校品质，坚持实施“名师工程”战略，提升教师的职业认同度和教学水平，在校园内营造“育人做楷模，教学争先进”的良好氛围。学校把教师队伍建设作为一项基础性工作来抓，努力建设一支德才双馨的高素质教师队伍。

学校坚持以人为本，平等尊重教师，真诚关心教师，在经济收入、养老保险、日常生活等方面切实保障教师的合法权益，在职称晋升、评优评先、学科竞赛和业务进修等方面全力支持教师专业成长，使广大教师能够感受到教师职业的尊严和教育事业的意义。

每年教师节，学校都要大力表彰一批先进典型，弘扬主旋律，传递正能量。

对于不同年龄层次和经验水平的教师，学校均加强培训，抓基本功训练，培养合格型教师；抓教学能力，锻炼经验型教师；抓教研攻坚，充实科研型教师。为了更好地推动班主任队伍建设，学校广泛征集学生意见，让学生们担任"评委"，给教师打分，满足了教师们自我实现、自我成长的心理需求，实现了他们对荣耀的向往。学校还注重让教师体会"与学生在一起所获得的快乐"。通过开展班主任论坛、师德建设大讨论，让班主任通过真实、鲜活的典型案例，展示自己对教育事业的理解、对学生的热爱。组织全体教师共同学习著名教育家霍懋征教育思想，树立无私奉献、快乐学习、心有大爱的教育理念，用正直的人品、高尚的师品、端正的学品与孩子共度健康、愉快的童年生活。

（二）加强自我学习

学校鼓励教师购买教育书籍，并明确提出要求。同时，为促进教师学有所得，学校组织了形式多样的读书论坛活动，给教师交流自学心得搭建了一个展示平台。此外，学校还充分利用网络、图书等资源为教师的自学提供阵地和补充。这些措施为教师进一步自觉学习新思想、掌握新知识、认清新形势、研究新情况、解决新问题、形成新观念，提供了有力的理论支撑。

学校每学年都组织教师自主确定个人专业发展目标，要求每一位教师从个人学习计划、课堂教学水平、班级管理能力、课题研究、论文撰写等方面具体规划个人的发展目标。鼓励教师依据自己的实际制定自主发展规划，不断提高师德水平和业务素养。

"做一名幸福的教师"是学校管理层始终坚持的理念。"有自由的约束"也给了学校教师很大的发挥空间，以正向激励替代实施压力，结果是教师们获取了信任、激发了内生动力，反而取得了较好的效果。教师们还将愉悦与轻松的气氛传递给学生，带给学生正能量。

二、专业能力方面

（一）开展研讨交流

学高为师，身正为范。学校以敬业爱生、认真负责、刻苦钻研为基本要求，切实加强对教师的职业理想教育、行为规范管理和师德师风考评，引领教师以自己高尚的人格影响学生、引导学生。学校以提高教师专业发展水平为目标，建立和健全引领教师主动发展的校本研修机制，扎实开展多种形式的校本研修活动，如暑期培训、赛课活动、教师基本功竞赛等，为教师的职业成长搭建平台、提供舞台，使其成为制度化、常态化的研修活动。

（二）优化课堂教学手段

学校重视课堂教学模式的探索和改革，让和谐课堂成为学校发展的核心动力。新课程改革的核心理念就是以人为本，关注每一个学生的成长，让每一个孩子全面发展，和谐健康地成长。学校所提倡的和谐课堂旨在冲破传统课堂的桎梏，建立民主、平等、宽容、融洽的新型课堂教学模式，从而突出学生的主体地位，构建自主、高效的课堂。

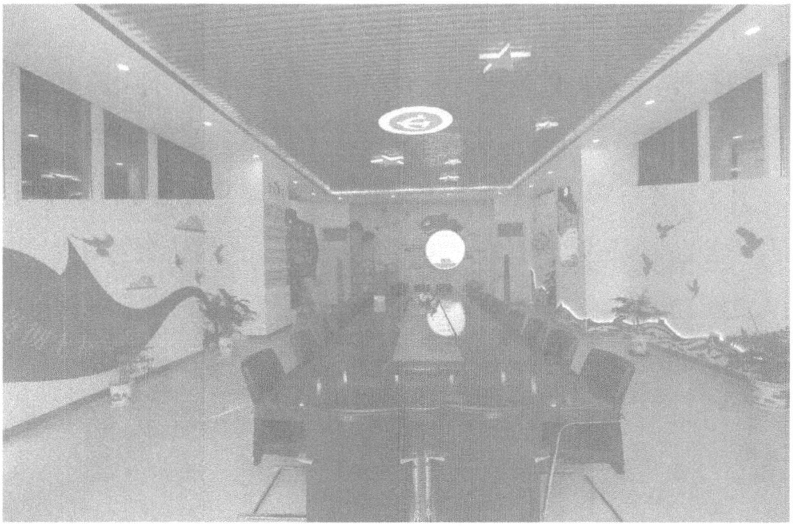

图 5.1　会议室

（三）加强基本功的训练

写一手规范的好字不仅是教师从事教育教学工作必须具备的最基本的职业技能，而且教师写一手正确、端庄、规范的好字将对学生起到积极的影响。现代信息技术在带来便捷的同时，教师"三笔字"的功力也在逐渐淡化。因此，学校要求每位教师坚持练字，每学期至少十篇硬笔书法、每个月至少一次板书设计展示，并定期邀请书法名家到校举办书法讲座，进行教师基本功比赛。同时，为了适应现代教育技术的要求，提高教师信息技术应用能力，组织教师积极参与课件制作、微课等比赛。

三、支持体系方面

学校时常邀请专家到校指导教师工作，就整体知识构建、如何开展主题教研等问题给教师开讲座；帮助教师在深入研究学生的学习方法上拓宽思路；请专家引领学校教育改革，逐步丰富和谐教育内涵，不断拓展和谐教育外延，同时指导和推动学校校本研训工作的开展。为了让教师尽快转变教学观念，推动课堂教学改变，学校加大了"请进来、走出去"的力度。如邀请名校的老师，来校讲学、上示范课，并派出多批教师去外地学校参加学习、培训。

有好的教师，才有好的教育。只有高素质的教师，才能把教育提高学生的整体素质的要求落实。只有把教师专业化水平提高上去，学校的长远发展和各项建设才有了根本保障。这些举措有效促进了教师专业能力的提升，在天津生态城南开小学，教师敬业、努力而有尊严地工作着，他们从学生的成长中实现着自己的人生价值，感受教师职业带来的快乐，更从自己的发展中获得对教育的新理解，体验人生的幸福与意义。

第三节

培养超越自我，不断进取的“公能好教师”

加强教师队伍建设，是学校可持续发展的根本举措，其关键是提高教师的整体素质和专业能力。只有把教师专业化水平提高上去，学校的长远发展和各项建设才有根本保障。对于教师团队的建设而言，学校是船上的风帆，教师是划桨的人。天津生态城南开小学坚持不懈地抓好教师专业化发展，做到抓得实、有特点、出成效，激发了教师的自主性、积极性与创造热情，全面促进了教师道德品质、专业能力与教育科研能力的提升，教师正用自己的教育激情、教学智慧书写着无悔的青春诗篇，促进了学校的可持续发展。

一、深化精品课题研究，促进教师内涵发展

课题研究是提高教师课堂教学效率的有效途径。学校在课题研究中有意培养教师的问题意识，让教师真正领悟“问题即课题”“教学即研究”。具体方式为“问题—设想—尝试—总结—反思”，即提倡教师进行小课题研究，确实解决教学中存在的实际问题。学校提出了“五个一”科研工作目标，即结合校科研课题，提出一个子课题（小课题）、设计一个实施方案、写出一份实施计划、上一节研究体验式公开课、发表一份高水平科研论文。学校每月开展“每月一课”高效课堂活动，促进教师查找不足，修正自我；骨干教师每学期上一节“引路课”；每学期开展一次教育教学开放活动，请家长走进来参与学校教育教学；组织教师参加巡课、展示课活动。教师在教学中，不断总结教学经验，形成了自

己的教学风格,构建了学科教学模式。

二、科学的考评机制,促进教师专业发展

科学合理的考核评价机制,能最大限度地激发教师的自我发展热情,增强教师专业成长的动力。天津生态城南开小学遵循制度源于教师、用于教师的原则,在教师评价方面采取"自我量化、考核先行"的方式,年级组代表审核把关,以促进教师发展为目的,主要采取自评、互评、校评相结合的多元化评价机制。具体而言:一是学校坚持集中考核与民主考核相结合,以教职工例会为主要平台,采用问卷调查、面对面交流等形式,充分发挥广大教职工民主参与、民主管理、民主监督的作用,力求做到客观公平,保证绩效考核激励机制的科学性和有效性。二是注重统筹兼顾的考核策略。在制定实施方案时,细化分类考核指标,在课堂教学、作业辅导、科研培训、荣誉业绩等方面进行分类考核。同时,又兼顾科任教师、班主任、辅助岗职工,特别是做出突出贡献的其他工作人员,凸显了考核的公平性和公正性。三是坚持考核以激发教师工作热情,提升教学质量。以维护教师切身利益为出发点,结合教师成长、成才规律以及教书育人的专业性、实践性和长期性特点,积极采纳教师意见和建议,既整体提高教师待遇,又充分凸显"多劳多得、质优多得"原则,充分调动教师投身教育事业的积极性和主动性。

(一)激励性的评价,激发自觉成长

一是把师德放在绩效考核的第一位,重点考核教师履行《中小学教师职业道德规范》和《中小学教师违反职业道德行为处理办法》情况,凡师德考核不合格的教师,实行一票否决,取消当年的年度考核、师德考核优秀资格及相应的奖励性绩效工资。二是突出对"能"的考核。学校及时出台考核细则,具体从教师组织管理学生、钻研课程标准和教材、设计和组织课堂教学、应用现代教育技术、开展教育教学研究与改革、撰写教育科研论文等方面进行量化考核,不断提高教育教学、教育科研、专业发展等能力在绩效考核中的比重。三是适度考核

“勤”。本着以人为本，坚持工作量与工作效果相结合的原则，从教学工作总量、干部履职情况、是否担任班主任、是否遵守学校规章制度等方面入手，不断完善考核内容，充分体现“多劳多得、质优多得”的激励效应。

（二）综合性的评价，保证能力提升

新的课程观要求对教师评价应进行综合评价。综合评价就是用动态的、发展的眼光，对教师工作的各个环节进行系统的、全程的、较长时间的、循环往复的评价。教师从事的教育活动是一个长期复杂的过程，工作中的任何成绩都是日积月累的结果，绝非一朝一夕的产物。仅仅依靠一两次的评价，不可能真实反映教师工作的整个发展过程，也必然导致评价结论与教师实际工作表现产生偏差。教师的考核评价应是全方面、综合性的。为此，学校采取日常性评价、终结性评价、问卷调查三种方式综合考量教师教育教学工作质量。日常性评价中对教师的考勤、教育教学完成情况等进行量化测评，从而发放每月奖励性绩效。

三、见贤思齐竞奋进，不忘初心逐梦行

每年两届的“见贤思齐”教师风采展示课大赛从十月份开始拉开帷幕。教师们在大赛中崭露头角，呈现节节有亮点、堂堂有风格的喜人局面。

每届“见贤思齐”教师风采展示课大赛为期两个月，旨在加快青年教师专业成长，促进各学科教学研究的纵深发展。教师风采展示课大赛已在天津生态城南开小学举行了六届，教师们在大赛中努力展现过硬的业务功底，实践“公能”教育教学理念，不断积累教学经验，学生们畅游在美妙的课堂氛围中。一路走来，学校师生与学校互鉴成长。

语文课堂上，教师们声情并茂，以十足的感染力和亲和力，引导孩子们以自己的方式成长。数学课上，教师们运用灵活多样的教学方法，联系生活实际，训练学生的数学思维。英语课上，教师们创设情境，充分挖掘教材，妙趣横生，教会孩子们学习的方法。思想品德课上，教师们利用文本、视频、游戏等多种方式，引导学生在读、思、辨中，从书本中走进生活，学会尊重，学会爱。科学课上，有

趣的科学小实验中蕴含着科学大道理，培养了学生的创造性思维，带领孩子们寻找成功的方法。音乐课上，或欢快或优美的音乐，在同学们的指尖流动，在多样的乐器中跳跃，充满童趣。美术课上，教师和学生们在色彩中感受全新的世界，受到美的熏陶。体育课上，跳跃、奔跑、转身、翻滚，让学生们感受着速度和力量，在汗水和笑声中感受体育精神。校本课上，学生们在参与中体验，在体验中感悟，培养自己的综合素质。信息课上，学生们在自主探索、多重交互的操作环境中让自己的创新能力和信息思维得以提升。

精彩的课堂展示后教师们畅所欲言，从教法到学法，从教具到课件，从评价到板书，教师们进行了细致的总结和深刻的反思。同时，学校也邀请各学科教育专家对大赛的课堂教学进行了专业的点评和指导。校领导对教师风采展示课大赛进行了最终总结，为青年教师们的快速成长表示祝贺，并要求教师们坚持实践、坚持学习、坚持笔记、坚持研究、坚持反思、坚持互助，打造似春树抽叶，似轻舟起帆般的"公能"课堂。

水晶帘动微风起，满架蔷薇一院香。天津生态城南开小学的教师们得益于学校对课程的引领，得益于学校领导和骨干教师们对常态课、教研课、推门课和预约课的悉心指导和帮助，青年教师们在快速地成长。每届"见贤思齐"教师风采展示课大赛不仅展示了教师们的教学风采，更促进教师之间相互交流、携手学习、共同进步。春种一粒粟，秋收万颗子。天津生态城南开小学教师们将不辜负这大好时光，"明德修业，自强不息"，播下传承的种子，收获最好的自己，不断书写着奋进的故事。

四、拜师学艺传衣钵，杏坛追梦谱芳华

薪火相传，桃李情谊。为切实加强师资队伍建设，帮助青年教师快速成长，尽快站稳讲台，天津生态城南开小学举行拜师认徒活动。拜师仪式上，学校领导对来自市内各名校优秀的师父教师进行简单介绍后，师徒双方签下了师徒协议，明确彼此的责任与义务。

师徒关系正式确立，师徒情谊也就此生根。教师表示，千里马常有而伯乐不常有，如今拜下师父，便如同有了伯乐，自己一定会虚心好学，主动求教，尽快提高教学业务水平。贤师良友在其侧，诗书礼乐陈于前。拜师活动为教师尽快适应教育教学工作、加快专业成长提供了良好的条件，同时也为教师们搭建了相互切磋、相互学习、共同发展的平台。这种形式既有激励和引导，又有约束和评价，有利于促使新教师快速成长，为学校的快速持续发展培养更多优秀的后备人才。相信师徒教师们定会紧握双手，彼此陪伴，在专业发展的道路上越走越远，共同进步，共同成长。教师也将发扬“明德修业，自强不息”的教风，谱写杏坛的新篇章。

通过丰富多彩的教师培养活动，学校里一大批教师在“高压”下“破土而出”，茁壮成长，掀起了天津生态城南开小学高效课堂教学的改革之风。喜人成绩推进了教师的成长与成熟，他们在实践中见世面、长知识、增才干，逐步成为学校的骨干和中坚力量。学校珍惜机遇，抓住契机，带领教师再接再厉，为实现高品质提升和高品位发展，砥砺前行。

第四节
以具有"中和"管理思想的中药文化寓有品位的南开人

一、赋予每位教师中药称谓的初衷

天津生态城南开小学以"让每个孩子都成为最好的自己"的办学理念为价值引领,"最好的自己"强调的是自己与自己比,昨天的自己和今天的自己比,从这个意义上说,"最好"其实就是"更好",是对自我提出的一个更高的要求。最好的学生,最好的教师,最好的学校,这个标杆是基于每个人和学校的起点而言的。"做最好的自己"意味着学校要培养学生不同于他人的兴趣和特长,要造就教师不同于他人的特点和风格,学校要坚持具有自身特色的发展之路。学生和教师在自我接纳的基础上,追求每天的成长和进步,不断地超越自己,努力做到最好。

学校的教育理念转化为教育实践需要全体教师的共同努力,需要依靠共同的创造性劳动。为此学校在教师队伍建设中倡导传承南开历史"爱国、敬业、乐群、创新"的主流价值观。为了营造和谐的"乐群"氛围,学校创新性地以我国传统的优秀中医药文化为载体,赋予每位教师一味中药药名称谓,替代千校雷同的"张老师""王老师""李老师",突显每名教师的自身价值及在集体中要发挥的独特作用,形成学校内涵发展的特色。

首先,中医药文化本身就是"乐群"精神的最好诠释。看过中医的人都知道,不管是中成药还是汤药,中医用药很少用单味药,大多采用复方配伍。教师的中药称谓预示着每一名教师的工作都离不开集体，爱群、乐群是必须拥有的集体主义精神。最好的集体才能造就最好的自己。其次，每一剂药中，配方均因人而异，以便对症下药。中医药文化启示每一名教师要“因材施教”。中医通过望闻问切诊断后，会开出一张由各种中草药组成的处方。同理，教师同样要通过“望闻问切”的方式，选择最佳的方法帮助每一名学生在集体中健康成长。其三，每一剂中药中，每味中草药用量也应清楚标注。处方疗效，一是取决于是否对症，二是取决于处方中药配伍组合是否合理和有法度。这里说的法度就是制方规则，中医称之为“君臣佐使”。“君臣佐使”的原则，时刻提示每一位教师懂得自重，信任每一名同伴，赞赏每一名同伴的价值，无论在哪一个年级组，无论教哪一个班级，都能恰到好处地发挥自己的力量和作用，同时为建立“平等和谐”的师生关系打下良好的基础。每一次独特中药称谓的呼唤，都是对每一位教师教育思想的不断强化，育人者自育，“让每个孩子都成为最好的自己”，首先每位教师都要成为最好的自己。

图 5.2　美丽校园

二、教师中药姓名的深度诠释

中华文明源远流长，在历史的积淀中，为后世子孙留下了优秀的传统文化。天津生态城南开小学始终是国家优秀传统文化的继承者和发扬者。作为复校以来的首届领导，杨校长不忘初心，将学校的发展理念与优秀的传统文化相结合，把中医思想融入学校教育之中，为学校教育注入了新的精神理念和发展方向。

良药愈疾，善念修心。学校的每一位教师都有一味中草药名字，一位教师即一味"中药"。他们性味或甘或苦，或温或寒。有的清热解毒，有的理气和中，有的化湿清淤，有的滋养机体……教师们将自己的校名与个人的育人理念相结合，又形成了一种独特的育人文化。正如每一味中药都有自己的功效一样，每一位老师也都有自己的育人理念，教师们运用这些教育理念，完善了学生的人格，增强了学生的精神内核。

冬虫夏草，有补肾壮阳、止血化痰等功效。以教育的角度进行解读便是教师帮助学生在自我发展和成长的过程中实现自身身体健壮，身心和谐统一。

穿心莲，有清热解毒、消肿止痛之疗效。"感人心者，莫先乎情。"为师者感化人心，没有比情先，没有比言早的。

蒲公英，象征着播撒爱意。教师应追求建立"仁爱有礼，和谐有序"的校园氛围，甘做幕后英雄。

决明子，有排毒排油之功效。以教育的角度来看，其象征着教育之本分，多元融合，实践育人，秉承各负其责、协同配合的工作格局。

百部，抗菌杀虫，温肺止咳。惩戒与赏识教育并举，惩戒和批评，会使得赏识和激励更有价值。

泽兰，有镇静安神、增强体质的功效。作为教师，应给予学生成长的营养和精神食粮，培养真善美的南开学子。

梅花，有开郁和中、解毒等功效，蕴含着因材施教的理念。教师首先要正确认识学生，其次要充分了解学生，最后分层施教。

朱砂，有清心镇惊的作用。教育不仅能开启学生的心智，更开启学生的人生。

法夏，味道辛辣，品性温和，蕴含着“恩威并施，宽严相济”的育人理念。教育学生，既要严格，又要与爱同行。

阿里红，止咳平喘，消肿止痛。在教育中，要润物无声，潜移默化，做到育人无痕，相信这份大爱必将感动祖国最美丽的花朵。

薄荷，有清咽利喉、疏肝理气之功效，蕴含着疏通疑虑，缓解情绪的育人之道。做学生的良师益友，呵护学生成长。

蝉衣，有宣散风热、透疹利咽之功效，蕴含自主探究的启发性教育原则。施教之功，要使学生自奋其力，自致其知。

柳叶，取自柳树的叶子，味发涩发苦，却可以清热解毒。正如教育者，长善救失，成人之长，去人之短也。

桃叶，有燥湿解毒之功效，蕴含着善疏心结，传道解惑的教育功能，教师应争取让每位学生都收获一个幸福而有意义的童年。

合欢，治心气躁急、令人欢乐无忧，蕴含刚柔并济、因材施教的教育理念。师者，润物无声，潜移默化教育学生。

双花，一蒂二花，甘寒清热而不伤胃，正合治学为人之道，德才兼备，方成人。师者，解学业之惑，亦解人生之惑。

木莲，其本为木，花形若莲，果籽皮根皆可入药，可谓无私奉献。为人师，当如春雨，随风潜入夜，润物细无声。

京墨，有止血之功效。为人师者，应帮助学生们“止血镇痛”，迎难而上！

红参，有益气补血，固本培元之功效。蕴含着强根固本的夯实性教育原则，为人师者，要做到牢记使命，无私奉献。

桔梗，有宣肺、利咽之功效。教师应让自己的语音语调正确传达信息。莫忘初心，方得始终。

瞿麦，有清热利水、破血通经之功效，蕴含戒骄戒躁、去芜存菁的求是精神。人之为学亦如是，脚踏实地，方为正道。

荷叶，有清热解暑、祛火排毒之功效。为人师者，要做到指点迷津，答疑解惑。

藕节，有收敛化瘀、清热生津之功效。教师在学生与学生、学校与家长间起纽带作用，拉近距离，散发教育活力。

木槿，有止渴醒脑、排毒养颜之功效，蕴含净化心灵的引导性教育原则。为人师者，要能走进学生内心，滋润其心灵。

竹沥，有清热降火、滑痰利窍之功效，蕴含着疏通、顺势而育的教育理念。为人师者，要做到发蒙解惑。

沉香，有行气止痛、疏通气血之功效，蕴含着循序善诱的疏导性教育原则。为人师者，要做到耐心倾听。

栀子，有护肝、镇静、清心泻火除烦之功。教师应给孩子们色彩斑斓的快乐童年。

香橼，味辛苦，有燥湿化痰之功。师者宽严有道、苦口婆心，只为教育学生知是非、明事理，成长为更好的自己。

木香，行气止痛，健脾消食。在学习中，要做到学思结合。正所谓学而不思则罔，思而不学则殆。为人师者，亦是如此。

紫苏，具有解表散寒，行气和胃的功效，教师在教育中要注意尊重学生的个体性差异，坚持让每一个生命都精彩。

兰茹，消炎祛肿。教师应帮助孩子将“炎症”消除在萌芽阶段。

椒目，主治水肿胀满，痰饮喘逆，椒气下达。作为教师，要对症下药，标本兼治，与学生相互欣赏，共同成长。

半夏，旱地杂草却是止咳良方。只为培养精英的，不是教育，能够在平凡中孕育伟大、在奉献中收获价值才是教育。

满山红，其味先苦后甜，性温。为学要先学礼，明事理，懂规矩，端正仪容。

调气质先于学知识。

红粉，自古便有“刮骨疗毒，红粉生肌”的美誉。在教育中，教师要立志为孩子的成长营造一个全新、健康的氛围。

桑叶，主要功效为疏散风热，清肺润燥。希望教师能够安抚孩子们那颗躁动的心，让它在世界里自由跳动。

仙茅，有补益强壮之效，而教学目的也是要利于每位同学的长远发展，教师教育学生要因材施教，不能搞“一刀切”。

藿香，有止吐、治霍乱、清凉解暑之功效。老师应让学生发现知识之美，体验知识之趣，收获知识之果。

山橘，有行气宽中，止咳化痰等功效，蕴含着量力性的可接受原则。为人师者，要做到因材施教，量其资禀。

紫葳，有凉血、散瘀等功效，蕴含着爱心育人的教育理念。师以德为本，心以爱为源。教师应以真理教书，用真情育人。

梧桐，疏肝理气，使浊气下降，精气上升，蕴含着浸润式教育原则。师者，要做到梳理所学，帮助学生上通下达。

百合，重在“归心”，这与“坚持立德树人，回归教育初心”不谋而合。教师应守住教育的初心，让学生成为最好的自己。

贯众，有清热解毒、凉血止血的功效，蕴含着循序渐进的教育理念。为人师者，要做到不急不躁，耐心教学。

银杏，有补气强身之功效，蕴含着温故而知新的巩固性教学原则。在教学中，要指导学生学会吐故纳新，从而做到“日新月异”。

芦荟，主清热解暑，明目镇心。正如教师的职业要求教师在平淡的教育生涯中坚守，帮助学生在平凡中成长。

红藤，可通经活络、散瘀止痛，蕴含着教师应着眼于全体学生的教育，要帮助学生获得多种可持续发展的能力。

白果，生长周期极为缓慢，这正如教育是个慢过程一样，十年树木，百年树人，教育要滋养学生的心灵，培育未来的花朵。

荆芥，有解表散风，解热降温之功效，蕴含全面发展的教育理念。为人师者，所做的教育要为学生的终身发展服务。

郁金，既能行气解郁，又能疏肝解瘀。教育学生时要激发学生的学习兴趣，让他们兴致盎然地参与教学过程。

艾叶，有驱虫杀菌之功效，蕴含着及时帮教的教育原则。

珍珠，有安神定惊、明目去翳之功效。为人师者，要教导学生宠辱不惊，明事理，辨是非。

檀香，有安抚神经、提神静心之效。为人师者，要善于激励唤醒和鼓舞学生，帮助每个学生成为最好的自己。

鹿茸，有缓解疲劳、强身健体、使人焕发活力之效，蕴含着无私奉献的精神，为人师者，要营造充满活力的课堂。

石竹，清热解毒，散瘀消肿。为人师者，应关爱学生，以赏识教育滋润学生美丽的心灵之花。

白术，有固表止汗，燥湿健脾之效。为人师者，要循循善诱，诲人不倦。

空青，明目去翳、活血利窍。为人师者，要为学生指点迷津，让学生在知识的海洋中更好地发展自我，绽放光彩。

紫萍，有发汗祛风之功效。教师应时刻用自己的言行提醒学生戒骄戒躁，培养他们沉稳的学习态度，稳步向前。

牡蛎，有定惊安神之效。求学路漫漫，路有曲折。教师应用自己的言行提醒学生，摆正心态，不骄不躁，脚踏实地。

雪茶，醒脑润肺、清热解暑。育人的过程不是一蹴而就的，需要为师者有信心和耐心，静待每一朵花的开放。

连翘，有清热解毒、消肿散结之功效。育人先育心，师者，应不急不躁，专心教学。

山茶，有收敛止血、理气散瘀之功效。教师应着眼整体，注重学生个性，发挥特长，为学生终身学习奠基。

常山，有解热、降压、催吐之功效，蕴含着春风化雨式的启发性教学原则。为人师者，道而弗牵，强而弗抑，开而弗达。

琥珀，有活血化瘀的功效，蕴含着循序渐进的教育理念。为人师者，要遵从教育规律，给学生成长的时间和空间。

玉竹，茎干强直，竹可焚而不可断其节。望这股浩然正气，能化作一股力量指引学生在穷且益坚时，不坠青云之志。

丁香，温中散寒，理气止痛。作为老师，应浸染丁香之气质，怀博爱宽容之心，感化生命。

芡实，祛湿益精，强志补中。平淡出真知，润物细无声。成长路上，学生与教师应一同追寻生命的本真，成就最好的自己。

申姜，有补肾强骨、续伤止痛之功效。师者，教之以事而喻诸德。教师要专注教学，更要注重对学生道德品质的培养。

丹砂，益气明目、镇定安神。教师不仅要传授给学生丰富的知识，更要引导学生学会和善做人，冷静处事。

曲莲，清热解毒、健胃止痛。教师要有大爱情怀，“关爱的阳光不只普照鲜花，温馨的雨露也要撒遍小草”。

黄连，有清热泻火、解毒之功效。良药苦口利于病，为人师者，应当在学生犯错时予以纠正，成为他们的引路人。

紫杉，天然珍稀抗癌植物，在药理上首重疏导，以抑制并消减病灶。法同教育，疏之导之，师之友之，其可蔚然立。

阿胶，具有滋阴润燥，美容养颜之功效，蕴含着滋润心灵的教育理念。为人师者，当诲人不倦，无私奉献。

莲心，体虽小，却色泽清新，有止血固精之功效。为人师者，应俯首甘为孺子牛，力虽小，却可桃李天下、满园芬芳。

银朱，性味辛，可止烦满，益精神。作为一名教师，应培养学生爱国爱学、敬业乐群、科学进取的精神。

青黛，有清热解毒，泻火定惊之功效，蕴含着因材施教的教育原则。为人师者，要做到对症下药，因材施教。

香附，有安神安心之功效，蕴含着匠心育人的教育理念。师当以德为本，心以爱为源，以真理教书，用真情育人。

川柏，有清热解毒、平和体质之效。揽百川之怀，多元赏识，育弘爱之才；持松柏之志，智勇真纯，励明德之志。

苁蓉，具有甘而性温特点，彰显着温和而坚定的教育理念。教师待学生要做到施以爱心，期以耐心，持以恒心。

柿霜，有生津利咽、润肺止咳的功效。感人心者，莫先乎情。教师应做学生心灵上的工作，立德育人，求真、求善、求美。

川贝，宛若珍珠，怀中抱月。为人师者，要包容每一位学生，理解接纳每一位学生，让每一个孩子都成为最好的自己。

紫菀，有化痰止咳的功效，蕴含长善救失的教育原则。为人师者，要善于发掘学生的闪光点，鼓励学生不断超越自己。

桂枝，具有温通经脉，平冲降气的功效，蕴含着教育应平心静气，循序渐进，给予学生幸福的感受，温暖其学习时光。

乌梅，有敛肺蠕肠、虚热消渴之功效，蕴含着自主探究、科学严谨的教育理念。君子之教，身正为范。

海芋，象征着简单纯洁的爱。充满教育爱的教师，会带给学生热烈、积极的课堂气氛和最纯净、自然的爱。

白薇，苦味入口，除虚怯烦；扎根成材，静待花开。教育中的星星之火可燎智慧之原，微微之力可点亮科学之光。

蜀椒，温润脏腑，祛湿散寒。应用于教育中，教师可发挥其"温里散寒暖童心"之功效，以师之博爱护生之成长。

青果，具有清热解毒、生津利咽等功效，寓意中正平和、止于至善的教师风范。身为人师，要做到爱生如子，立德树人。

竹叶，有清热除烦、生津利尿之功效，蕴含着启发性的教育原则。为人师者，要做到循循善诱，因势利导。

瓦松，有清热解毒，利湿消肿的功效。对待学生要用真心、诚心、耐心，发挥教师的作用，引领他们走向幸福的人生。

远志，多年生植物，苗期生长缓慢。教师在教学过程中要遵循学生身心发展规律，坚持循序渐进的教学原则。

细沙，清热止泻。教师在教学中要做到“标本兼治”，注重学生身体健康的同时，更要培养学生良好的精神品格。

地榆，具有凉血止血、解毒敛疮的功效。体育教学应以培养学生的健康体魄为主题，让每个学生做最好的自己。

厚朴，行气消积，以治疗食积气滞。教师教学要做到传道、授业、解惑，用知识让学生健康成长。

铅丹，能解热拔毒，长肉去瘀。其可象征办学应严谨、沉稳，育人要健身、健心，让学生内外兼修，成为最好的自己。

青蒿，有清热、解暑之效。青蒿之于体育，蕴含增强体质、健康身心之责。教师愿如夏日里的微风，为学生送去一片清凉。

辛夷，主要用于治疗风寒感冒。辛夷之于体育，蕴含了阳光体育运动、增强学生体质的教育理念。体育课要增强学生体质和抵抗力。

崖香，有行气止痛、疏通气血之功效，蕴含着尊崇差异的教学原则。为人师表，授人以鱼，不如授人以渔。

石蜜，实乃甘蔗汁煎而暴之，凝如石而体甚轻。石蜜气平，禀天秋收之金气，爱生细无声，真爱无语，教育无痕。

橘红，有理气宽中，燥湿化痰之功效，蕴含着疏导性的教育原则。作为教育工作者，要有循循善诱的耐心。

景天，蕴含着青春、活力、顽强、健康的体育教学理念，代表着中华体育精神，越是困难越要彰显活力。

雪蚕，有解内热渴疾的功效。作为一名教师，应让学生身心得以发展，使每一位学生都能健康快乐地成长。

灵芝，具有补气安神、止咳平喘的功效，蕴含着关心爱护学生的教育理念。爱是教学成功的基础，创新是教育的希望。

礞石，有消积化痰、止嗽定喘、镇惊导滞等功效，蕴含着教学之法，应本于人性，磨揉迁革，使趋于善。

方海，清热散瘀，消肿解毒。为人师，要引导学生遇事学会冷静思考，驱散思想上的淤堵，做阳光少年。

神曲，有治疗饮食停滞，消化不良之功效，蕴含着循序善诱的疏导性教育原则。为人师者，要善于引导学生进步。

儿茶，有活血止痛、清肺化痰之功效。教师应与生共悟娴雅之态，以抚慰心灵，去野入闻，拨其心弦，领略有声之乐。

宛童，养血强筋骨，蕴含着全面发展的教育理念，音乐教学在陶冶学生情操的同时，应协同其他学科，培养全面发展的人。

茵陈，味淡利水，清热祛湿，蕴含着"润物细无声"的教育理念，教师应以一颗宽容的心，发现和赏识每个孩子的闪光点。

凌霄，一簇簇橘红色的喇叭花，向阳生长，迎风飘舞。为人师者，要把积极、乐观的生活态度传递给每个学生。

海龙，有强身健体，预防癌症的功效，其中蕴含着发展性教育理念。为人师者，要以学生为中心，做到教学相长。

泽漆，有解毒杀虫的功效。作为老师，要对学生进行正确引导，长善救失。

寒水，具有清热泻火、消肿的功效，在教学中，要尊重学生的个体性差异，让每一个学生都能成为最好的自己。

锦纹，具有泻热通肠，凉血解毒，逐瘀通经等功效，蕴含着谆谆教导的教学理念，教师要耐心引导学生进步。

蛇莓，适应性极强，多野生于山坡、草丛等地。以“蛇莓”为名，启示教师要提高适应性，做到“因材施教”。

淡竹，有清热除烦之功效。教师在教学中要因势利导，用健康的审美情趣丰富学生的情感，提高其艺术修养。

麦冬，有润肺清心、养心的功效，教育也是如此。教师要通过潜移默化的教育，静待成长的来临！

陆英，具有祛风、利湿、舒筋、活血的功效，就像教师在教学过程中将学生堵塞的郁结解开，解答他们的疑惑。

麦芽，行气消食，健脾开胃。教师应志于道，据于德，因材施教，使学生“日新月异”。

降香，有化瘀止血、理气止痛之功效，蕴含着因材施教的原则。教师要尊重学生个体差异，有的放矢地进行教学。

佩兰，有醒脾化湿、解暑化浊之功效，蕴含疏导性教育理念。为人师者，要善于疏通思想、因势利导，启发智慧。

海月，主治脾胃，益于气血生化。教师要以东风化雨之情，春泥护花之意，培育人类的花朵，绘制灿烂的春天。

雪梨味甘微酸，具有“润肺凉心、消炎降火、生津止渴”的作用。雪梨的特点及功效如教育之点滴，润物细无声。

益智，益脾胃，理元气。脾胃是元气之根本，元气是健康之根本，教师要帮助学生汲取成长的养分，健康成长。

槐米，有清热降火的功效，教师在育人过程中要戒骄戒躁、平心去火，反思并改正自己的不足，不断进步。

在真正的医学实践中，往往是几味中药搭成配方，“协同作战”，且同一味中药搭配不同的“伙伴”，又会产生不同的药效。这与我们的教育理念如出一辙，学校育人以及学生的成长从来都不只是某一位教师的“个人成果”，而是整个教师团队集体努力的成果体现。在天津生态城南开小学，教师之间都存在一种隐形的默契，这就是融入内心世界的“乐群精神”。

当学生出现问题时，教师要及时和学生沟通，发现问题的症结，帮助学生意识到自己的症结所在，理顺成长和发展的思路，进而改正错误，养成良好的行为习惯，树立积极正向的思想意识。

教育无论多么辛苦繁杂，都是为了学生成长为更好的自己，无论外界多么浮躁、喧嚣，教师的内心应是平静淡然的，这样的心态与姿态会潜移默化地影响自己的学生，让学生静下心来，以坦然的心态面对成长中的欢笑和泪水，低调做人，踏实学习。

教师是学校的支柱，教师的“成色”决定了学校的“基色”。打铁需要自身硬，名校必须教师强。天津生态城南开小学在发展中，一直把教师队伍建设作为优质办学的核心保障，致力于培育精品教师，从而使特色办学的能量得到迸发，走出了一条奋进之路。如今，一支优秀的教师队伍已经形成，一批教师获得市区级荣誉，一批教师成为区级、校级学科带头人，一批教师在各级各类教师专业竞赛中崭露头角。

第六章

实施具有『中和』管理思想的公能课堂教学

教育是培养人追求幸福、感受幸福、创造幸福的工作。要达此目的，应通过幸福的教育过程。天津生态城南开小学始终紧随时代步伐，实施具有“中和”管理思想的公能课堂教学，立足传承与创新，深入总结教学管理经验，谋求学校教学质量的稳步提升，构建新时代的教育教学体系。教师在时间的洗练中将所有的青春、智慧和汗水凝结成新时代学校独有的气韵和品质，从而激发办学活力，全面推进教育现代化建设，增加教师的职业幸福感，培养全面发展的学生。

允公允能
日新月異

第一节

挖掘南开小学创建初期的设计教学法实验思想

南开小学是著名爱国教育家张伯苓先生和严修先生于1928年创办的。天津生态城南开小学复校以来,始终不敢忘却张伯苓先生以“爱国”为核心的教育思想,时刻将“允公允能,日新月异”的校训铭刻于心。南开系列学校自有其独特之魅力,也有其不一样的精神与追求,南开人更有别样的情怀,那就是爱国主义精神。爱国主义精神的代代传承、“允公允能,日新月异”的价值观表达、南开的发展道路、育人理念等,不仅是南开系列学校的精神财富,也是中国教育绽英育才的缩影。

复校以来,学校在改善硬件条件的同时,致力于挖掘南开系列学校的历史,继承南开文化之精髓,并不断地思考、调整,赋予其更加鲜活的时代特征,期盼南开特有的文化能够直达每位师生的心灵深处,滋养每个南开人的灵魂。学校在“公能”教育理念指导下,制定了“创思想高境界、文化高品位、教师高水平、学生高素质的名校”的办学目标,提出了“爱心成就未来”的育人理念,以“我的中国心”为学校文化主题,通过“心系南开——南开情、魂牵中华——中国魂、放眼天下——世界人”三个层面对学生进行系列教育。

南开小学建校初期,为了培养学生的社会实践能力,张伯苓在小学部开设了学生储蓄所和小卖部,学生们在教师的指导下亲自参与各项活动。儿童商店的售货员经理、会计均由五年级学生轮流担当。凡是学生们需要的东西诸如文具、手绢等物在儿童商店中一应俱全。售货员每卖出一样东西,都要记账,每天放学前要结账，向经理、会计交账，每月还要盘货、总结计算赢利等。在儿童商店买东西，用的是儿童银行自己印制的钱票，其大小和票面金额与真钞票差不多。儿童银行由六年级学生负责，有兑换校内通用货币、储蓄存款、贷款、兑现等业务。儿童银行有行长、行员和总会计。儿童银行每天结账，收入的现金还要存储到社会上的银行中去。每学期期末儿童银行要为储户结账计算利息，退还本金，一切都与真实社会中的银行相同。儿童商店和儿童银行也因此成为学生社会活动的实践基地。就这样，学生们在游戏之中锻炼、提高了自己的能力。

除了这些课程和练习之外，当时在小学礼堂里面，还有非常罕见的平台和钢琴。学校还设有种植园和畜养基地，以便培养孩子们的动手能力。由于该方法强调儿童的学习兴趣，启发学生积极学习的主动精神，因此南开小学充满了生动活泼的学习气氛，其教育方法也被其他小学校广泛吸收借鉴。

南开系列学校从创办初期就具有注重学生素质、培养学生素质的明确目标。早期南开系列学校非常注重学生文化素质、能力素质、道德素质和身心素质等多方面的培养与发展，这为南开小学创新历史旧旨、适应新时代人才培养需求提供了坚实丰厚的根基。

第二节

“中和”管理思想指导下的现代“双主”教学法探索

一所学校，教师是主导，学生是学校教育的主体，是学校的主人。引导学生崇德尚美、学会自主管理是学生成长的重要内容。学生从自律、自信走向自主、自强，最终从自强走向自如，成长为习惯优良、适应性强的公能少年。天津生态城南开小学“主导—主体”教学系统设计模式是以学生为主体、教师为主导的新型教学系统设计模式。

此模式将“以教为主”和“以学为主”的教学设计模式有机结合，避免了在教学过程中单纯使用一种教学设计模式而产生的教学时单方面（教师或学生）主宰教学而出现的“满堂灌”或“盲目学”的现象，使学生能够采用更合理的学习策略掌握学习内容、提高自学能力，优化教学过程。

一、实现促进学生主体发展的课堂教学新模式

在发展性教育理念引领下的“双主教学模式”，突出了学生学习的主体地位，突出了教师的主导作用，学生真正成为学习的主人，教师真正成为学生学习的组织者、引导者和促进者，因此这一模式被称为“双主”教学模式。

（一）自主学习，强化主体意识

“双主”教学模式下课堂教学的第一个环节就是学生的自主学习。这要求教师采取有效途径调动学生学习的积极性、主动性。学生自主学习的内容是老师没有讲过的，是学生不熟悉的知识领域，具有挑战性。诱发学生自主学习能

使其以一种探险的心情进入一种神秘而又快乐的学习之中。经调查，学生在自主学习过程中，百分之九十以上的学生都会有这样一个想法，那就是：看看在教师没有讲的情况，自己能学会多少。这种挑战的心态，激发了学生学习的积极性与主动性。自主学习给了学生广阔的学习空间，在学习方式和对知识的理解上，都彰显出学生独特的个性和创新。

（二）交流互助，强化参与意识

"双主"教学模式的第二个环节是交流互助、解决疑难。即自主学习之后，学生以学习小组为单位，交流学习收获，进行思维的碰撞，在交流合作中欣赏借鉴其他同学的观点与方法，如有疑难问题，发挥学科优等生的作用，在组内互助解决。小组间面对面的互动交流，能够充分激发学生的参与意识，培养合作、创新能力。

（三）及时反馈，强化成功感

自主学习、交流互助之后，无论是预习检测，还是当堂巩固练习，一般都是以分阶段检测、及时反馈为原则，目的是保证反馈及时。同样是练习采用小测验的方式，对于做对的学生来说是强化成功的体验，对于做错的学生来说是加深理解。分阶段测验及时反馈，使课堂的实效性大大提高。这种方式增加了学生体验成功的机会，使其能够享受课堂学习过程的快乐。获得成功体验是增强学生参与意识、有效投入学习的动因，是实现学生主体发展的有效途径。学生越是经历成功，就越是有信心，就越是热爱学习，学习就越是积极主动。成功的快乐是一种巨大的情绪力量，它能促使儿童时时学习。可见成功的体验不仅会产生快乐的情绪，更有助于增加学生学习动力。

（四）开展小组学习竞赛，增强竞争意识

小组合作学习采用小组竞赛的方式进行。竞赛的内容包括：预习检测、巩固练习的正确率、质疑能力、组内的合作能力。小组学习竞赛每两个星期总结评价一次，这种竞赛的方式培养了学生团结互助的精神与能力，同时增强了学生的竞争意识。

（五）因材施教，尊重差异

学生的主体发展，应该是以人为本的。以学生个体差异为基准的主体发展，而不是千人一面的统一要求。基于这样的认识，教师在学案设计上要体现分层要求，即预习检测要求所有学生必须理解并掌握，巩固练习非学困生必须都得理解并掌握，选作题可要求学优生必须理解并掌握。这种分层要求既尊重了个体差异，又为不同层次的学生提供了体验成功的机会，确保所有学生都能参与学习，都能在自己原有的基础获得进步。

（六）融洽关系，给学生注入情感动力

新型教学模式表现的基本结构是学生按照教师要求把知识与技能、过程与方法、情感态度与价值观作为学习基本要求和学习目标，按照教师设计的预习提纲主动进行学习，把完成预习作业过程作为查找搜集与新知相关的旧知过程，通过问题解决激活旧知、展开旧知、弥补旧知，并找出其内存规律。通过预测和前馈补课，学生使旧知变已知，为新知学习做好准备。学生带着预习过程中的问题上课，首先进行质疑，通过对典型例题的分析、讲解，学生体验悟出用已知获取未知的方法。学生运用新知进行变式训练，进行分层次练习。学生当堂小结，反思概括学会了什么，怎样学会的等。

教师根据学习目标，设计过关题，进行当堂反馈。教师根据教材内容和学生学习的实际状况，有针对性地设计出学生知识与技能、过程与方法、情感态度与价值观的学习目标，并将其作为教学的目标，用目标激励学生学习，通过学习过程，落实到每个学生。教师精心设计预习提纲，把教的内容（新知内容和被激活的相关旧知内容）通过问题形式转化为预习提纲的内容。教师课前通过预测和各种形式了解、检查每个学生预习提纲，为利用预习成果上课做好准备。教师利用学生预习成果上课，通过典型题目讲解分析，揭示出知识的生成过程，指导教会学生用已知获取未知的方法。归纳、小结新知获取的过程，为学生揭示获取新知的方法。运用新知进行变式训练和分层次练习，通过练习使学生明其理、得其法、归其类、转为能。教师最后当堂反馈，及时评价补缺，促进学生知识发展。

师生关系、生生关系是影响学生积极主动学习的一个重要因素，和谐的师生、生生关系能够促进学生主体发展。“双主”教学要求广大教师在教育教学过程中，要以尊重为前提，以爱为基础，师生关系要民主平等，要营造一个和谐融洽的教学氛围。学生只有满足了尊重的需要，才会自尊、才会自信、才会快乐、才会有更高一层的自我实现的需要。有了自我实现的需要，学生在精神上就有了动力，学生的学习才会更积极、更主动。小组合作学习，倡导让每一名学生都有一个心灵的港湾。传统的讲授灌输，会让学困生跟不上老师讲解的思路，成为学习上的“局外人”，他们和那些能正常听讲的学生会有一种疏离感，心灵没寄托，渐渐会丧失学习甚至生活的乐趣。小组合作学习，在组内人人有人管，时时有人管，所有人都能融进小组之中，小组成了学生心灵的港湾。有了这个温暖的港湾，学生的灵魂就有了归宿，心态就更加乐观向上，学习也就更加积极主动。

二、学生主体性发展思想贯穿“双主”教学的全过程

学生主体发展理念的核心是促进学生全面发展，其指出学生的主体发展主要表现为三性：即“自主性”“主动性”和“创造性”。因此，在课堂教学实践中应始终坚持突出学生主体发展的三个特性。

（一）双主教学模式培养了学生学习的自主性

自主性是人主体性的前提和基础，是对自我的认识和实现自我的不断完善。自主性主要表现为：自尊自信，自我调控能力，独立判断决断能力，自觉自理能力等。自主性是促进人的全面发展不可少的。

一是自尊自信，表现为自我肯定、维护独立人格及对自己的优缺点有公正客观的认识。学校开展的小组互助合作学习，要求学生定期进行自我评价和小组内互评。让学生暂时放慢学习的脚步，审视自己和同伴在小组学习过程中的表现，发扬优点，查找不足，及时弥补。尤其在学生互评时，每个人都要给自己

的小组成员做出公正客观的评价，将优点、缺点写在纸上，然后组内每个人轮流发言，说成员的优点，最后将写有缺点的纸条交给本人，让对方有则改之，无则加勉。这样的互评给学生创造了一个交流情感的机会，搭起了一座沟通心灵的桥梁，更有利于学生形成自尊自信的品格。

二是自我调控能力，表现为较强的注意力，做事有始有终，遵守学校的各项制度以及与伙伴游戏时能遵守集体规则等。小组互助合作学习能有效地培养学生的自我调控能力。当一个学生发言时，其他同学们必须集中注意力认真倾听，有建议或补充，必须等这个人发言结束才能说。此外，每月一次的小组成员之间的职务轮换制度，也培养了学生的自我调控能力，因为组内的职务每个人都有机会来担当，所以在做本职工作时，一定要约束、调控自己的言行，支持其他人的工作，这样在小组中才会得到别人的支持和帮助。

三是独立判断决断能力，表现为善于独立思考，对同学的优缺点有公正客观的认识，遇事有主见，能合作做出决定。“双主”教学模式下的学生自主学习环节充分地培养了学生独立判断决断的能力，在这个环节中，教师将学法要求一次性讲清楚之后，不再开口，给学生一个安静的学习环境，学生在自主学习过程中不允许问老师及同学，如有疑问，首先要独立思考，勇于探究，实在解决不了的记在预习笔记上，对于经过自己独立思考所得到的收获或感悟等，也写在预习笔记上，下一环节交流收获，解决疑难。

四是自觉自理能力，表现为力所能及的事情自己做，能合理安排学习时间，有良好的生活习惯。教师每个月要对学生进行一次阶段性评价，不仅关注学生在校的表现，更要关心他在家的情况。因此，要求班主任定期与家长联系，了解孩子在家的表现，对学生做出公正的评价，作为学期末学生综合素质评价的依据。

（二）“双主”教学模式，调动了学生学习的主动性

人的心灵深处总有一种把自己当作发现者、研究者、探索者的固有需要。学生渴望成为发现家、探索家，因此，在课堂教学中，教师应放手让学生自己观

察、分析、判断、质疑，寻找解决问题的方案，这样能极大地调动学生学习的主动性。

1.激发了学生学习的兴趣，培养了学生的成就感。学校对教师的学案设计有分层目标要求，对于预习检测题（即本节课的基本知识）要求全体学生都会做；巩固练习题要求70%~80%的学生会做；对于选做题，是给学有余力的学生设计的，这样照顾了学生的个体差异，让他们在自己的能力范围之内都获得了成功，培养了学生的成就感。

2.培养了学生的竞争意识。主体性强的学生，喜欢挑战。在小组竞赛评比中，有的学生表现欲强，有进取心，并且有取得成功的本领。他们积极参加竞赛活动并努力取胜，在各种活动中，总是想表现自己并超过比自己强的人，在竞赛中总是充当组织者和指挥者。这样的学生结合其学习情况，让其担任正组长或副组长，以便调动本组成员参加竞赛评比活动的积极性。另外，为了培养学生的竞争意识，各班每个月都要对小组活动进行评比，不仅包括学习方面的，而且包括纪律、卫生、穿着等各个方面。

3.调动了学生主动参与的意识。发展性教育理论体现了教学过程中科学实践观和主体能动性的统一，学生是活生生的发展中的人，学习的学生只有通过自身的操作活动和主体参与才是有效的。无论何种教学模式，只有学生的主

图 6.1　图书阅览室

动参与才是有效的，没有学生的主动参与教学必定是失败的，那么如何调动学生主动参与学习活动呢？首先要让学生体验成功，让处于不同水平、不同层次的学生都能体验到成功，如学案习题的设计要求有分层目标，不同层次的学生完成自己能力所能及的题，再如开展小组竞赛答题时，让各组的同号选手一起比赛，如简单的基础题可以让各组的4号学生同台竞技，这样调动了不同层次的学生主动参与学习活动的热情。

4.提高了学生的社会适应性。小组互助合作学习，使学生的社会适应性增强了。经过互助合作学习的磨合，学生表现出非常好的合群性、利他性和社交能力。他们中的大多数都能表现出不自私、乐于助人、尊重他人，与伙伴友好相处，有自己不能克服的困难时，能找别人帮助。

关注学生主体发展，致力于通过教会学生主动提问来提高学生主动学习的意识。孔子说：“不愤不启，不悱不发。”把提问的主动权还给学生，让他们在课堂上不再是听讲者，而是主动学习的学习者、提问者。主动发现问题，主动提出问题，主动探究问题，主动解决问题，让学生真正成为课堂的主人，促进学生主体发展。

（三）“双主”教学模式，为培养学生的创造性，提供了可能的空间

创造性是不满足现状，是对现实的一种超越，是主体性发展的最高表现。创造意味着突破、革新、进步，而不是重复、模仿。主体性强的人，在创造性方面不仅表现为有强烈的创新意识，爱标新立异，爱发表与别人不同的见解，总是喜欢出新点子，喜欢解难题，而且表现在具有创造性思维能力和动手实践能力、思考问题的方法独特新颖等方面。他们在学习上能举一反三，灵活运用知识，有丰富的想象力，善于直觉思维，借助具体形象解决问题。他们不仅在实践活动中表现出很强的动手能力，而且善于解决日常生活中遇到的实际问题。在“双主”教学模式下，学生不仅是教育的主体，更是创造性的权力主体。他们要求教师要以平等相待来体现民主，尊重学生的思路，珍惜学生思维中的合理因素，让每个学生充分发表自己的意见，让学生有一个发展的机会，并相信人人皆是创

造之人，以积极的期待来促进学生的发展，使自己成为学生尊敬的长者、合作的伙伴、讨论的对手、交心的挚友。俗话说：“亲其师，信其道。”教师真正尊重、理解、关心、帮助、支持、赏识每一个学生，使他们积极主动参与学习活动，消除他们心理上的恐惧感，教师在课堂上营造和谐、生动活泼、宽松的教学氛围，让学生畅所欲言，使每一个学生产生求知欲、表现欲和成就欲，并且更好地去探索，去创新。

自主性、主动性和创造性构成了人的主体性不可缺少的特征。发挥学生的自主性、主动性和创造性，培养良好的个性，使学生得到生动、活泼主动的发展，这正是发展性教育理论的精神实质。学校倡导启发式、探究式、讨论式、参与式教学，帮助学生学会学习，激发学生的好奇心，培养学生的兴趣爱好，营造思考、自由探索、勇于创新的良好环境。

教学中，学校坚持把教学的主体地位归还给学生，在课堂改革进程中，教师秉承“以学定教，顺学而教”，让课堂教学焕发出生命的活力。教学实践证明，富有成效的课堂不仅仅取决于教师对教材的把握水平，更取决于教师对教材的组织水平以及教师把知识的学术形态转化为教育形态、把静态的知识转化为动态的信息传递给学生的方式、方法。学校坚持把课堂教学真正打造成让学生乐于学、乐于思、乐于做的教学，让教学成为有生命力、有感染力、有活力的课堂活动。

第三节

探索激发学生创新思维和能力的新教学模式

随着我国课程改革的全面推进，小学课程改革进入了一个新的阶段。课程整合的提出给教育指明了一个新的方向。天津生态城南开小学以课程内知识点的整合为突破口，结合公能课堂的具体操作，让学生积极主动参与学习，从而提高教学效率。教师通过组织角色扮演、开展情景剧等教学活动，活跃课堂气氛，提高学生学习效率，从而进行高质量的知识教学，让学生在充满趣味的学习氛围中，深入理解和掌握知识，同时学会感恩，从而提高教育质量。同时，教师与实践活动相结合，将知识具体化、形象化，并带到现实生活中，通过实践活动，营造真实的教学情境。通过真实接触，激发学生的真情实感，加深学生的理解，并拓宽学生视野，学习更多知识。

一、建构创新教学模式应遵循的原则

（一）人本性原则

教师在教学中应始终“以人为本”，把学生放在主体位置上，尊重学生的自尊心，关注学生的需要、情感和发展，为每个学生创设参与锻炼及展示才能的机会，让每个学生以主人翁的姿态参与到教学活动中去。

（二）创造性原则

创新教学立意在“创”和“新”上，学校要求教师创造性地教，学生创造性地学。对学生来说，创造性学的主要途径是探究，没有探究就没有发现，就没有创

新。在教学中,学校始终注重激发学生的求知欲望,创造条件让学生独立思考,积极探索,让学生去感悟和理解知识产生和发展的过程,提出自己不懂的问题,形成独到的见解和新奇的想法。通过思维碰撞、合作探究、比较、辩论等,引导学生求异求优,敢问、会问,敢于质疑,学会探究,学会合作创造,形成创新精神和能力。

（三）个性化原则

在一个班、一所学校,学生是千差万别的,都有自己的个性。创新教学着眼于每个学生的发展,就要尊重这种个性。学校非常注重这一点,一是从学生实际出发,因材施教;二是从学生发展趋向出发,因势利导。

（四）持续发展原则

让每个学生都得到充分发展和可持续发展,为学生创造能力的形成奠定坚实的基础。

（五）最优化原则

这里的最优化不是理想化,而是在现实条件下相对来说是最好的。教师在开展创新教学时,在利用教学资源、选择教学方法、指导学生创新等方面都应特别注重按最优化的要求来实施。

二、创新教学模式的内容与实施

学校以"开放化教学环境"为操作平台,通过建构"人本化教学理念""活动化教学课程""生成化教法系统""全息化教学评价"等四维,形成立体的创新教学实践,支撑起创新教学的"四创"（创新态度、创新思维、创新习惯和创新品质）目标,进而实现学生创新态度、思维、习惯和品质的长足发展。其实施策略是:

（一）确立人本化的教学理念

创新教学是一种崭新的教学形式,它必然需要新的教学理念来支撑。在实践探索中,逐步确立了创新教学的师生观、教学观、时空资源观等新的教学理念。具体可用三句话来概括:

1.人人是主人，个个能创新。就学生而言，每个人都是学习的主人，要充分发挥他们的主体作用，并且充分相信每个学生都有创造潜力，都能进行不同程度的创新。而教师是教育工作的主人，人人都要创造性地工作，创造新的教学环境、教学形式和教学方法等。

2.整个世界都是学生学习的课程，课程是学生了解世界的视窗。这是从创新教学的资源时空来说的。打破传统课堂死板、乏味的格局，让学生在课堂中“演绎”世界，同时，让学生走进真实的世界之中，去学习、探索、创新。教师应实现几个“改变”，即变习以为常的传授式为探究式、活动式；变以教师为中心为以学生为中心、以发展为中心；变直线式的教学环境为立体动态式的教学环境，让教师走进学生，学生走进学生；变点对点的课堂交流方式为多维互动、合作学习、交流学习；变课本是唯一的教材为以课本为依托，其他信息资源为补充的新教材体系；变教室是学生唯一学习的场所为整个世界成为课堂，把课堂设在厂矿企业、科技文化馆等场所。同时，在课程改革上，把人文的、科技的内容融为一体。

3.教学即生活，即创造，即发展。说教学是一种生活、一种创造、一种发展，意味着它应该焕发生命活力、创新活力和可持续的动力。这里面的含义很深，至少有三点十分重要：一是创新教学应该把学生当成完整意义的、活生生的人，尊重他们，通过激活他们内部的精神力量来完成创新性学习；二是创新教学应该把学生的学习看成是一种生命活动，有实践体验，有内化吸收，有创新发展；三是创新教学本身就是一种创造性的劳动，教师要时时、处处、事事注重创新，从内容到方法，从手段到措施，莫不如此。

（二）拟定创新教学中的目标

1.创新态度要求学生具有好奇心，有创新的愿望，热爱创新，积极参与各种创新活动，并且要勇于创新，在各种学习活动中努力去创新。

2.创新思维要求学生能在学习中进行求异思维，寻找与众不同的解决问题的方法，并且能够运用求异比较等思维形式去寻找解决问题的最佳途径，以及相关的一些新的方法。更高的要求就是希望学生能够运用多角度多层次的求异发散等思维方法去分析问题、解决问题,提出一些创新性建议。

3.创新习惯。学生要养成大胆提问的习惯,敢于发表自己的看法,养成发现问题、动手操作和提出见解的习惯,并且要养成时时、处处创新学习与思考的习惯。

4.创新品质。这个目标希望学生能够做到勇于面对问题,不害怕困难,能够坚持创新性思考,不仅能够具有创新的持久性,而且具有灵活性。使学生初步具有创新的自主性,合作性和深刻性。

（三）营建开放的教学环境

创新教学的环境应是开放的,应从以下方面营建:一是用信息技术等高科技手段来改进教学,如建立校园网,联结全世界,把整个世界作为学生学习的背景和资源库。二是用开放的思想,构建多元化的教学文化,不仅注重挖掘校园历史中的文化积淀,而且注重吸纳一切有用的观念和思想,造就独特的教学文化。家长是学校的教育伙伴,"少提意见,多提建议"是大家的共识,继而才能形成"学生更像老师,家长更像校长,社会更像学校"的人文环境。更重要的是,他们认为,在教与学中能包容一切先进文化,各种有价值的观点、思想都可以在这里碰撞、开花、结果。三是在学校开展创新教学不仅是必要的,也是可行的,是全面实施素质教育的重要途径。学校在尊重学生主体地位和相信学生人人能创新的基础上,开展生活化、立体化、多样化的创新性教学活动,培养学生的创新态度、思维、习惯和品质。构建教学模式但不"模式化",这突出了教学方法的生成特征,建立了可以再创造、再发展的教学方法体系。四是所提出的"四创"目标切合学生实际,能够较好地培养学生创新精神。

课堂的艺术不在于教师讲得是否精彩,而在于是否增强了学生的自信,是否调动了学生学习的积极性。随着课堂改革的不断深入,"中和管理"思想体系的优势不断彰显。学生走向阳光,个性特长不断发展;教师走向智慧,专业素质不断提高;学校走向特色,办学品位不断提升。

第四节

实施有"中和"管理思想的学校特色评价体系和策略

教学是师生教与学的交往、互动，是师生共度的生命里程、共创的人生体验。为确保教育改革的每一个环节都能落到实处，学校制订出台了一系列有"中和"管理思想的学校特色评价体系，既关注学生的全面发展，又关注学生的个体状况，做到因人评价，人人发展。

一、特色评价的必要性

教学评价作为生态化教学的子系统之一，是生态化教学中不可或缺的一部分，也是维持各个子系统的平衡的一个重要因素。课堂教学评价对于教师的教、学生的学，以及课堂教学质量有着重要的作用。课堂教学评价着眼于学生的综合发展，是一种对于学生在学业上的进步和健全人格的培养能够产生作用的评价方式。课堂评价并非单纯关注学生的成绩，更关注学生整体的素质提升，以及学生生命质量和整体价值的提升，这也是生态化教学中提倡的。

课堂教学评价包含着学科固有的逻辑，能够体现学科的本质与特色。有效而良好的课堂教学评价，能够帮助教师将评价和课堂教学结合起来，运用教学智慧，将教学过程中学生创造出来的学习资源合理地转化为教学资源，从而又将这种教学资源服务于课堂教学，从而促进教学中各个子系统的平衡和提升，进一步促进教学的生态化。

评价是教学过程中不可缺少的部分。学生在小学阶段，认知、情感、意志等各方面都处在发展过程中，同时他们的自我意识也正在发展。对学生进行评价是教师的重要任务之一，教师正确、客观、积极地评价会帮助学生认知自我，调整自我行为，树立学习的信心，凸显个性，从而提高学习成绩，身心得到健康的发展。

著名教育家叶圣陶先生说：“什么是教育，简单一句话，就是要养成良好的习惯。”英国哲学家艾蒙斯说：“习惯要不是最好的仆人，便是最坏的主人。”及时、认真地完成作业是指学生为达到好的学习效果而形成的一种学习上的自动倾向性，及时、认真地完成作业的习惯和其他学习习惯一样也是经过反复练习而形成的较为稳定的行为特征。小学阶段的学习是人一生中最基础的学习，学生能否及时、认真地完成作业不仅影响儿童整个小学阶段的学习，而且将会影响其一生的学习。作业既是反馈、调控教学过程的实践活动，也是在教师的指导下，由学生独立运用和亲自体验知识、技能的教育过程。通过作业教学，使学生巩固、内化学得的知识技能，充分发挥师生双方的主观能动性，自然能使学生产生新的学习欲望。但是，对于儿童，由于其自觉性不强，自控意识和能力较低，要依靠外界力量，主要是通过教育培养方可达到目的。

二、特色评价的策略

（一）真诚交流，用心评价

“亲其师，信其道。”课堂上的评价过程也是师生之间建立信任与感情的过程。评价贵在真诚，真诚不仅仅体现在语言方面，一个眼神、一个微笑、一次点头，这些发自内心的微小表情和动作恰恰会给孩子带来莫大的鼓励与帮助。作为一名教师，要善于用心运用行为艺术与学生建立良好的情感，这又何尝不是一种有效的课堂评价呢？

（二）实事求是，以评促学

在具体的课堂评价过程中，对学生进行适时的鼓励能够激发其学习兴趣。但作为一名教师，更应注重评价的客观性，既要肯定其优点，同时也要有针对性地指出其缺点和不足。这样才能使学生真正意识到自己在哪方面需要提升，真正达到以评促学的目的。如在进行写字教学时，教师评价：“你的书写很美观，真棒!”很美观，具体是哪里美观？哪里还有进步的余地？在这句评价中并没有呈现出来。学生在下次书写时并不能准确知道自己的进步空间。如果教师这样评价：“你的汉字书写做到了左窄右宽，撇画穿插到位，整体来说很美观。如果竖再写直一些，整个用笔再轻一些就更完美了。”这样一分为二，实事求是地对学生汉字的书写进行评价，学生能够准确了解自己的进步空间，从而不断进步。

（三）主体多元，加强互动

课堂评价是一种促进学生学习的方法，但课堂评价并非仅有教师评价这一种形式。学校注重评价主体的多元与互动，注重将教师的评价、学生的自我评价及学生之间的相互评价相结合，促进学生主动学习，自我反思。所以，作为一名教师，不仅要能够运用语言艺术对学生在课堂上的表现做出合理有效的评价，同时还有义务教会学生如何进行自我评价以及相互评价。课堂评价不仅是一种语言艺术，更是架起师生之间情感的一座桥梁，同时也是促进学生学习、促进教师成长的有力法宝。教师的评价语言需要用心构思、用情表达，做到因时、因地、因人而异，让学生听而不厌，学而不倦。

（四）评价内容全面

生态学在各个领域的应用，均强调“和谐、发展、共生”。所以，教师要以发展的眼光看待学生，既正视学生现有的发展水平，也要预估学生潜在的发展。新课程标准强调关注学生求知、探究和努力的过程，其实也是在关注学生发展的过程。因此，学校认为应在生态理念的指引下，按照新课程标准，对学生进行全面评价，这样既能促使评价科学、合理，又能推动教育系统中的各个部分密切联系，协同发展。

（五）营造轻松的课堂氛围

上课是教学的中心环节，提高教学质量的关键是上好课，这就要求教师充分调动学生的学习积极性，所谓“知之者不如好之者，好之者不如乐之者”，营造轻松愉悦的课堂氛围正是为此。评价自己和评价他人有时总是让人紧张和不自在,因此营造轻松和谐、彼此信任的课堂氛围尤为重要。

其实,教师在给孩子们上课时不必过于严肃,尤其是面对新的班集体时,适度的玩笑可以更快地缩短师生间的距离感,使学生们不再惧怕老师,不再惧怕回答问题。多微笑、充分利用肢体语言,可以给学生留下容易亲近的印象;讲台总是在无形之中将师生隔开,增加师生间心理上的距离,那么教师不妨走下讲台站到孩子们中间,这样既方便了师生间的互动,也缩短了外在的距离,久而久之,师生间心灵的距离也便近了。

（六）突出学生主体性在自评互评中的积极作用

"为了每一个学生的发展"是课程改革的基本宗旨。学生在学校教育中既是受教育的对象,也是学习的主体。学生在课堂上进行自评与互评的过程,同时也是自我反思、自我教育的过程。学生主体性在课堂评价中作用的受重视程度与实施水平都与教师的认知密不可分。由于认知能力的不成熟,低年级学生在课堂上进行自评互评时需要教师进行一定的示范指导。这种指导可以营造轻松愉悦的课堂气氛,拉近师生的关系,消除距离感。

（七）引导学生在自评与互评中彼此理解、相互学习

教师在教学生学会理解彼此、互相学习的过程中要抓住两点:及时和适度。"及时"是指教师最好在学生的互相评价进行完成后就对该环节做出评价。一方面,由于无间隔时间,学生对互评内容印象深刻,通过教师的点评,被评价的学生能最大限度地了解自己的优缺点;另一方面,及时评价能帮助被评价的学生树立自信心,同时教师在全班同学的面前给予的鼓励也间接消除了被评价者的顾虑。在教师潜移默化地引导下,学生便会渐渐学会理解彼此、相互学习。"适度"是指教师的评价语和评价内容要合理,既不能千篇一律,也不要过于随意。

有"中和"管理思想的学校特色评价体系的实施,形成了对内激励师生奋进,对外展示学校形象、办学经验和教育成果,达到了学校在社会上的影响日益彰显的目的,使师生因尊重天性而放射光芒,因张扬个性而绽放异彩,社会各界的赞赏与好评接踵而来。

第七章 以『中和』管理思想 培育全面发展的『公能好少年』

学校办学需要顶层设计，学校发展需要高端定位。天津生态城南开小学通过不懈的探索与实践，形成了“中和”管理思想。在该思想的指导下，学校推进了一系列卓有成效的教育教学改革，高屋建瓴地构建了公能教育理论体系，顺应学生发展需求，培育全面发展的“公能好少年”。学校是孩子们实现人生梦想、体验成功快乐、绽放生命光彩的沃土，在这里，学生都能找到属于自己的舞台。积极的生命状态和高水平的生命质量，让师生演绎着生命的精彩，感受着成长的欢欣。

允公允能
日新月異

第一节

“允公允能、公能兼备”是核心素养教育之根

“允公允能，日新月异”意为既有公德，又有能力，德才兼备，与时俱进，每日每月都有新的变化。南开系列学校创始人张伯苓指出：“私为中华民族之最大病根。国人自私心太重，公德心太弱，所见所谋，短小浅近。只顾眼前，忽视将来，知有个人，不知团体。其流弊所及，遂至民族思想缺乏，国家观念薄弱，良可慨也。右述五病，实为我民族衰弱招侮之主因。苓有见及此，深感国家缺乏积极奋发，振作有为之才。”进而，他要求说：“惟其允公，才能高瞻远瞩，正己教人，发扬集体的爱国思想，消灭自私的本位主义。允能者，是要做到最能，要建设现代化国家，要有现代化的科学才能，而南开学校的教育目的，就在于培养有现代化才能的学生，不仅要求具备现代化的理论才能，而且要具有实际工作的能力。所谓日新月异，不但每个人要能接受新事物，而且要成为新事物的创始者；不但要能赶上新时代，而且要能走在时代的前列。”

一、“允公允能”的育人内涵

在近代中国，张伯苓目睹国家、社会的内忧外患，根据当时中国国民体现出的五种人性问题，即愚、弱、贫、散、私，结合学校教育教学的实践，概括提出了“允公允能，日新月异”的精神，并将其确定为南开的校训。“允公允能”中“允”是“承诺”、对于受教育者有“要求”的意思。这里的“公”，不是“小公”的本位主义，而是“大公”，即公德心、爱国心。这里的“能”指才能、体能、智能、技能等。

"允公允能"的含义是，人才必须既有社会公德，同时又有能力为社会服务，即学校培养的学生应该德才兼备。

张伯苓指出："教育一事，非独使学生读书习字而已，尤要造就完全人格，德智体不可偏废。"他又指出："办学之目的，在信学以致用，学以医愚，学以救国、救世界。"张伯苓在1917年学生毕业典礼上对学生演讲时说："今日正值诸生立志之时，无论各具何长，要皆能发扬昌大，以备国家干城之选……望各立而志，急图自新。"在此演说中他还指出，"学校正如一小试验场，场内人皆有信心，具改造社会之能力，将来进入社会改造国家，必有成效"。所以可见，张伯苓主张培养出来的人才，不是独善其身的白面书生，而是要培养有改造国家、改造社会、为人民谋福利的能力之"干才"。这一点是张伯苓在教育主张上不同于与他同时代的我国其他诸教育家之处。纵观当时各类学校的校训，除南开学校外，无一在校训中提出以"能"为主要要求的。这也是张伯苓教育思想之卓越超群、不同凡响之处。

"允能"者，是要求受教育者理论联系实际，学以致用，培养工作能力，努力方向是锻炼救国自强能力和精神。用今天的话说，就是要求受教育者有全心全意为人民服务的本领。

二、"公能"育人原则

南开"公能"育人原则，就是在建构、实施南开"公能"育人模式中应当遵守的基本准则，它体现了南开"公能"育人发展变化的根本方向，决定和影响着南开"公能"育人模式的运行过程与系统建设。

（一）坚持学生主体与教师主导相统一的原则

尊重学生在南开"公能"育人模式构建过程中占主体地位，这就要改变传统教育中"以教师为中心、以教材为中心、以课堂讲授为中心"的旧模式、旧观念。在南开"公能"育人模式实践的过程中，应充分发挥学生的选择性、主体性、创造性与想象力，尊重学生的自主选择权，无论是从"公能"育人活动中活动主题的选择、形式的策划，还是过程的监督、评价与总结都要体现出学生的积极性与参与性，为学生营造民主的氛围，为学生搭建发表建议的平台。同时，要充分发挥“公能”育人活动中学生的自我教育功能，着力提高他们的自我教育能力。学生是自我教育的主体，他们的思想政治状况是由其自身矛盾运动发展所决定的。

因此，在“公能”育人活动中引导学生积极投身社会实践，在实践中使学生增知识、长见识，实现科学的自我认识、自我评价、自我监督、自我激励、自我调节，制定出适合自己的目标、规划，能以主体的姿态能动地认识自己的思想观念、道德水平，并且按照社会要求能动地改造自己的思想观念、道德水平。在尊重学生主体地位的同时，还要充分发挥教师在南开“公能”育人模式构建中的主导地位。教师的主导性是指教师从社会发展要求以及南开实际、南开学生思想现状及其发展规律出发，根据南开“公能”育人提出的目标，选择适合南开“公能”育人的具体内容，运用有效的“公能”育人的途径与方法，优化南开“公能”育人的校园环境，进而有目的、有计划、有组织地对学生施加教育影响，并有效地调节与控制南开“公能”育人的总过程。

实践证明，教师的主导性发挥得越好，学生的主体性就越能够得到充分的调动。因此，为了充分发挥教师的主导作用，就必须采取多种措施加强对教师的培训，以提高教师的综合素质与能力；同时还要提倡教师加强自我学习、自我教育，以身作则，为其主导地位奠定坚实的基础。

（二）坚持育人共性与学生个性相统一的原则

学校育人的共性原则是指在学校育人规律的框架下，按照基本的育人目标、育人方法、育人途径实施育人所体现出来的共同规律和基本特征，它具有一定的普遍性和稳定性，是学校育人都应该遵循的基本准则。学校育人的个性原则是指在学校育人过程中每个学生在特定时期所体现出来的身心特点与行为特征，即学生的差异性和特殊性。坚持共性，尊重个性，从大多数学生的实际需要出发，以大多数学生的实际情况为基准，同时不忘个体的特殊情况是学校育人的基本原则。

因此，要从整体上把握南开"公能"育人原则，既要分析学校育人的共性原则，以共性原则为指导进行"公能"育人，同时也要分析学生在成长过程中、在不同社会环境中所具有的个性原则，进而促进学生多元化、全方位的个性发展。育人共性原则是"公能"育人过程中对学生的最低要求，也可以说是共同的要求，这就是要求培养学生步入社会之后，热爱祖国、遵纪守法、自食其力、增公尽能。

南开学校对所有学生进行统一要求，如讲授共同的教学内容、采用统一的教学方法开展同样的育人活动，传授学生知识，发展学生能力。同时，还要根据学生的实际情况，充分尊重学生的个性差异，有的放矢地进行个别引导，给每一个学生提高自身道德和展示自己才能的机会。南开系列学校提出了培养不同类别、不同特点、不同特色人才的目标，逐步形成包含高级人才培养、特色人才培养和基础型优秀人才培养的人才培养模式，真正做到区别对待、因材施教、因人而异。

（三）坚持育人理论与实践养成相统一的原则

育人理论是学校育人活动的基本指导思想，是学校有目的、有计划、有组织地对学生进行马克思主义理论教育以及世界观、人生观的教育。实践养成是指学校在育人过程中组织学生积极参与各种实践活动，在改造客观世界的同时改造自己的主观世界，不断提高思想觉悟与认识水平，养成良好的思想习惯的过程。南开"公能"素质教育要有理论深度，要用真理的力量去说服学生、引导学生。而南开育人实践，就是在育人理论的指导下，组织和引导学生去参加社会实践活动，运用所学的育人理论指导实践养成，在这种实践养成的过程中使学生体验主体地位，认识社会发展的规律性和改革的艰巨性以及迫切性，加强对国家历史与现实的了解与认识，真正做到"知中国、服务中国"。

因此，要做到南开"公能"育人理论与实践养成相结合，一方面要强调育人理论不能脱离学生的思想实际与思想状况，育人理论必须以指导学生的实际生活、提高学生的认识能力和认识水平为目的；另一方面，也要重视学生的实践养成，提高学生的思想道德水平，使学生养成良好的行为习惯，真正做到知行统一、言行一致。

（四）坚持传道解惑与人文关怀相统一的原则

传道解惑强调的是教师传授给学生基本的理论知识和方法技巧，让学生主动学习并在学生产生困惑后给以耐心解答。然而传道并不是讲道理，它关注的是在传授知识的同时注重学生品格的培养，如情感、态度、价值观等。学习知识虽然是学生的主要任务，但不是唯一任务，教师更应注重对学生情感、态度、价值观的熏陶与引导。人文关怀更强调的是“对人存在和发展中所遇到的各种问题的关注、探索和解答”。

对于学校育人而言，教师应关爱学生，尊重学生的内心需要，特别是精神方面的需求，进而塑造学生的完全人格。一方面，南开“公能”育人应坚持对学生传道解惑。教师进行传道，不仅应传授科学文化知识，还包括德育工作，既有生活中的，也有学习中的，还有其他多方面的思想品质教育。教师应“解答疑难问题”，解决学生生活、学习中遇到的困难、疑问，让学生体味“山重水复疑无路，柳暗花明又一村”的喜悦感，增强学习的动力。另一方面，学校一直强调“以人为本”“终极关怀”“人文精神”的教育理念，注重教育方法、教育技术和教育经验的创新，关注学生个体的现实存在，立足和回归学生现实生活，进而解决学生的学习需求和现实问题。具体来讲，就是注重学生才华是否得到充分发挥，学生个性是否得到充分彰显，学生主体人格是否得到自由发展等。

三、“公能”育人途径

“公能”育人途径是实现“公能”育人目标、实践“公能”育人原则的必要路径，是南开“公能”育人模式不可或缺的构成要素。在借鉴历史、积累育人经验的基础上，南开“公能”育人要坚持课堂教学、校园文化、社会实践“三位一体”的育人渠道，为培养公能兼备的学生而不懈努力。

思想政治理论课是课程体系中育人效果最为明显、育人目标最为直接的一类课程，其主要包括"爱国、敬业、创新、乐群"的德育，"爱党、爱社会主义"的政治教育以及社会主义核心价值体系、社会主义核心价值观、中国特色社会主义理论体系、科学发展观等理论教育。教学也承担着重要的育人职责，专业建设重在内涵发展，要以提高人才培养质量为目标，将"公能"素质教育理念贯穿教育教学全过程，建立具有特色的专业教学课程体系，建设高水平、现代化的系列课程。因此，在课堂教学中突出"公能"特色就要努力实现三个转变：

一是在教学模式上，教学要实现从侧重"传授知识"转变为重在"发展素质"，注重内在素质的提高，即要超越知识教育，实施德智体美劳全面发展的素质教育。知识是提升能力的必要内涵和重要载体，教师既要给学生传授系统的专业知识，更要注意培养学生的学习能力、实践能力和创新能力。要以深化思想政治理论课程教学改革为重点，以实施"公能"素质教育为手段，改变制约思想政治理论课的旧观念、旧思想，培养学生"公"之志向、"公"之操守、"公"之襟怀。要把过去思想政治理论课教育单一的政治功能转变到引导学生形成正确的世界观和培养健康、高尚的人格上来；从过去认为思想政治理论课教育单纯是灌输意识形态的观念，转变到教学为育人的观念上来；从思想政治理论课教育单一的教学为本的观念，转变到教研共进的观念上来。

二是在培养模式上，从以教师讲授为主向以学生自主学习为主过渡。既要激发学生主动学习，也要积极发挥教师的引导作用，加强教学互动，促进教学相长。教师的任务就是要把"公能"精神灌输到学生中去。通过教师的引导与教育，学生们能够自主地学习、生活。

三是从以课堂教学为主到课堂教学与实践教学相结合转变，开展富有"公能"特色的实践活动，如社工、志愿者等实践活动环节，提升理论课与专业课教学的实际效果，提高学生的实践技能与实践水平。

第二节

“中和”管理是新时代南开系列学校全面特色育人的有效保障

如何以学生的全面发展为本，这既是素质教育的题中之意，也是所有教育工作的出发点和归宿。在这个意义上，天津生态城南开小学“中和”管理思想的育人模式似乎是“静悄悄的改革”，是新时代南开系列学校全面特色育人的有效保障。

一、“公能”教育思想指导下的班级生态管理

“生态”一词最早出现于生物研究领域，指生物在一定的自然环境下生存和发展的状态，也指生物的生理特性和生活习性。概括来说，“生态”一词是对生态系统和生物多样性的认识。随着教育的不断改革和发展，“生态教育”应运而生，教育的生态包括生态课程设置、生态教育教学研究、生态管理、生态评价等多个维度。“生态”强调多样性、平等与相互尊重，在管理者与被管理者角色界定鲜明的学校教育体制内，实施生态管理的难度不可谓不大。为实施“生态管理”，天津生态城南开小学以“公能”教育思想为指导，在对学校教师和学生的管理过程中设置公能积分制度，开办公能超市，在尊重教师与学生个体多样性的基础上，对教师与学生的发展起到激励作用。

生态管理不仅是对于整个学校而言的，对班级管理也有一定的指导意义。一年级班级生态管理过程中既要保证生态管理的完全落实，还要兼顾学生的年龄特点和心理特点，具有一定难度。班级生态管理过程要充分落实“多样性、平

等、尊重"等关键词。

（一）建立平等、相互尊重的师生关系

生态管理强调平等与相互尊重，传统的班级管理中教师占有绝对不可撼动的高地位，班级管理的任何事务都以班主任为中心，教师与学生是纯粹的管理与被管理的上下级关系，这造成了教师工作累，学生自主性得不到发挥的不良后果。班主任首先应确立的观念就是要关注学生个体，建立平等且相互尊重的师生关系。

1.制定制度时的平等。班集体成立之初，班主任向全班学生进行自我介绍，让学生充分认识班主任。同时班主任应了解分析学生的基本情况，向刚刚进入小学的学生介绍学生行为规范，帮助学生适应学习生活。开学一个星期后，学生已经基本适应小学集体生活，对上课、下课纪律有了较为明晰的认识。班主任利用一节班会课的时间制定班规，号召全班同学积极参与，要求每位学生都必须说出至少一条班规，鼓励学生大胆说出自己的想法和需求，根据学生的意见制定出班规。班规面向的对象是班里全体学生，每位学生都受班规约束。因此制定班规时，应从尊重学生的主体地位出发，将全班学生都纳入班规的制定者范畴内，摒弃班主任一人独断的情况。在后来的实施过程中，由于全班学生都是班规的制定者，因此每位学生也都是监督者，当班里出现违反班规的情况时，其他学生会主动指正。学生和班主任共同成为班级的管理者，实现了师生在班级管理中的地位平等。

制定班级制度时的"师生平等"是一种相对概念而不是绝对概念，一年级的学生年龄较小，如果班主任不进行任何判断便完全以学生意见为标准，那么很可能会出现过严或过松两种极端，班主任应该合理询问学生的想法，参考学生的意见，从教师角度出发对学生的想法和意见进行判断，带领学生制定出行之有效的班规，从而提高班级的生态管理效率。班规制定完毕后，班规实施过程中教师和学生同样处于平等的地位，作为教师，也应该自觉遵守班规，利用学生的向师性，增强学生对班规和班主任的信服心理。

2.课堂上的平等。班级管理不仅仅存在于课下，课上也是实施班级管理的重要战地。当前教育界一再强调在教学过程中要充分尊重学生的主体地位，拒绝填鸭式教育。在实际教学过程中发现，过分以教师身份自居，进行灌输式教学是行不通的，这样不仅使课堂失去色彩，同时也容易造成师生关系的不平等。课下平等、课上专制不可能建立起平等的师生关系，达不到生态管理的平等要求。教师在课上要正视学生个体存在的差异性，尊重学生的多样性。年轻教师为了完整完成教学设计、避免节外生枝，很容易把课上成一言堂，忽略甚至忽视学生的主体地位，过于强调“师道尊严”。生态管理要求教师对学生进行管理时充分尊重学生，给予学生充足的表达空间。备课和上课都以学生为出发点，教学设计的重点是学生活动而不是教师表演，教师应保证学生活动占到一节课的三分之二。

（二）构建以积分卡为中介的相互关系

班级生态管理倡导教师与学生、学生与学生之间建立起富有激励性和竞争性的相互关系，对一年级学生而言，物质性的激励效果更好，因此班级管理过程中教师以学校公能积分制度为指导，选择以积分卡作为班级生态管理的中介。

1.小组竞争关系。全班按照座位分为四组，每天放学时进行评比，获胜一组每人获得一个积分。评价维度广泛，包括：课上的坐姿、听讲情况、举手回答问题情况；课间纪律情况；卫生情况；完成作业情况。黑板上显示的各小组分数能够对学生起到很大的激励作用，激励学生以更高标准严格要求自己，使自己小组能够胜出。当老师表扬其中一组时，四组学生在接下来的表现都会比之前有明显进步。

2.个人竞争关系。学生存在个体差异性，有些学生有较强的自律性，能够严格按照班级规章制度约束自己的行为。班级管理的一个重要内容就是要在班内营造积极向上的氛围，这种氛围的营造需要充分发挥优秀学生的榜样示范作用。教师在管理过程中应及时发现表现优异的学生，给予积分奖励，号召其他学生学习该行为。学生个体的差异性决定了班级学生不可能表现完全一样优秀，因此个人竞争关系中还应及时发现学生的进步，给予进步学生积分奖励。经过一段时间的努力，有些学生的积分积累到一定数量，这时便会有更有吸引力的奖励，如10分可以兑换一支铅笔，15分可以兑换一封表扬信，一封表扬信可以兑换一次当一天小班长的机会。实施过程中发现，积分卡起到了预期中的激励作用，尤其在学校每周进行的班级公能积分量化考核制度的影响下，学生将个人积分与班级积分放到了同样重要的位置，所有学生向好的方面发展，班级管理效果良好。

3.以点促面的发展关系。一般而言，生态系统中的生物多样性越丰富，生态系统就会越稳定。同样，班级生态管理中的管理关系越丰富，班级生态环境就会越积极。班级生态管理中最大的管理关系是班主任对班级的管理，班主任是班级的组织者、管理者、建设者，这种管理关系在班级管理中应发挥最重要的作用。但是班级管理中只依靠这一种关系是远远不够的，良好的班级生态管理期待更多的管理关系。班级管理过程中，教师把积分卡既作为奖励，又作为选择管理者的标准。积分积累到一定数量的学生，到班主任处兑换表扬信，同时拥有当值日小班长的权利，小班长在课间给安静认真完成作业或读书的同学发放积分卡，这样就形成一种学生之间的管理关系。小班长是班级的一个点，从一个点辐射到班级学生这个面，从而达到以点促面的管理效果。小班长人选是不固定的，每个学生都有成为小班长的可能，这种可能性又对学生起到了激励作用，一环扣一环，实现了班级生态管理。

为了营造良好的班级生态环境，教师从物质环境和精神文化环境两方面着手。物质环境方面，每天每个小组会根据卫生情况评选环保小卫士，小卫士可得到积分奖励，同时获得管理本组卫生的权利，这样能够促进学生正向发展。环保小卫士对本组同学卫生情况的管理是班级生态管理中的另外一种管理关系。精神文化环境方面，教师会定期评选优秀作业进行张贴展示，建立起优秀作业对其他同学的影响关系，最大限度地发挥榜样示范作用。

生态管理是生态教育的一个重要方面，在班级管理过程中，将生态管理与天津生态城南开小学公能积分制度相结合，创造一种积分卡式的班级生态管理思想，建立起平等尊重的师生关系，建立柔性管理思想，并在管理过程中建立起多种管理关系，增强师生、生生间的相互性，提高班级生态的稳定性。

二、“允公允能”重管理，“日新月异”向生态

随着社会的不断发展，“生态”这个词在人们的生活中出现的频率越来越高，人们逐渐认识到生态化理念对于学校教育学生、教师、学校乃至对整个社会的可持续发展都有非常重要的作用。生态管理是落实学校生态教育理念的落脚点，在办学的进程中起着重要的作用。生态管理有利于促进教育系统内部有机统一，推动教育管理系统内部各要素的相互促进与发展，充分培养学生的创造性，促进整个教育系统的发展。学校始终秉承“允公允能，日新月异”的校训，坚持“公能”教育思想，努力让每个学生都成为最好的自己。

（一）学校管理

学校坚持依法办学、依法治校，有组织、有计划、分步骤地全面推进依法治校工作。学校规范办学，坚持自主管理和民主监督，维护师生权益，积极构建文明、和谐、优雅的校园环境。为确保学校民主管理落到实处，学校完善了校委会、家委会、工会、教师职工代表大会等组织机构，建立健全了各机构的议事规则和决策程序。学校充分尊重教职工的知情权和参政议政权，学校的发展规划、工作计划、绩效改革以及规章制度制定等，均经学校教代会通过后实施。学校坚持开门办学，尊重家长和学生，欢迎家长代表参与学校的管理和监督。学校原计划2019年9月搬入新校区，学校领导和老师们利用暑假的时间将教室的桌椅、白板等全部搬完，但是由于家长担心教室里有甲醛对孩子身体不好，学校充分尊重家长的意见，组织家长进行投票，对任何结果都做了充分的预案，确保学生能够顺利开学。

（二）学生管理

学校在教育教学过程中，坚持以学生为本，开展一系列师德教育活动，为每

位教师建立师德档案，树立良好的师德师风，真正做到尊重和关爱每一名学生。

1.学校重视学生的品德教育。品德教育要从娃娃抓起，小学阶段不仅是学生长身体、长知识的时期，更是培养良好的思想道德品质和文明行为习惯的最佳时期，学校积极开展"公能"德育课程计划，在思想品德课和校本课程中均对学生的品德和行为习惯进行教育，培养学生的爱国主义精神以及诚实、勇敢、助人为乐等高贵品质。此外，每周的升旗仪式、红领巾广播以及"公能"故事会均渗透思想品德教育。为激励广大师生培养高贵的品德，学校采取奖励机制，评选校级"公能好少年"，根据每周量化评比，选出公能积分最高的班级，颁发流动红旗。

2.学校重视学生的体质健康发展。少年强则国强，少年是祖国的未来，少年儿童拥有健康的体魄十分重要。为了提升学生的身体素质，增强免疫力，学校将大课间时间延长至70分钟，活动内容为广播体操、武术操、趣味游戏以及冬季跑操等。学校积极开展丰富多彩的体育活动，从学生的兴趣出发，以学生发展为中心，关注学生的个体差异，满足学生不同需求，把增强学生体质健康工作落到实处。此外，学校还积极参与趣味运动会活动，由体育老师带领学生到长沙参加比赛，收获满满，这样的活动既锻炼了学生的心态和胆量，又提高了学校的知名度。

3.学校重视学生学业状况管理。家长和社会非常重视学生的学业状况，学生学业状况的优劣直接影响到学校在社会上的口碑。学校一直以来十分重视学生学业状况，能够做到各个学科均配有专门的老师，注重学科组、教研组、备课组建设，全面提高学校的教学质量。教师以学科组为单位，每周进行集体备课和集体教研，在外出进行公开课之前，组内反复磨课，讨论教学过程中出现的问题，商讨改进的措施。每一次随堂测试后均进行试卷分析，分析学生的弱点以改进课堂教学的侧重点。针对学业成绩下滑比较严重的学生，每学期班主任和副班主任会对其进行家访，充分了解学生情况，及时与家长进行沟通。

4.学校重视课程与教学管理。学校每学期都会有"推门课"，校领导深入课堂，针对老师在课堂中出现的问题进行研究讨论，提出改进的措施。学校为培养学生的科学素养，成立了“南小科技辅导员”团队，与国家海洋博物馆建立“馆校合作”，组织开展了丰富的科普活动，受到家长的一致好评。此外，学校每天为学生提供两节课后服务课，内容为辅导课、益智课、社团课和活动课，丰富学生的课余生活，培养学生的兴趣爱好，真正做到素质教育。

（三）教师管理

教师是学校的一面镜子，教师队伍素质的优劣，是影响教书育人、教学质量的关键。学校依法聘任教师，为教师提供良好的工作条件和教学环境，保障教师顺利实施教育教学活动。学校积极为教师提供科研及各类外出培训的机会，为教师发展搭建平台。学校对教师的年终考核、聘任和职称评定，严格遵守上级教育部门的指示以及学校相关制度，充分体现公平、公正、公开的原则，保障教师的合法权益。同时，教师积极参加“中国好老师”线上和线下活动，为偏远地区学校的学生进行“送课”活动。

学校的管理工作和教育教学工作有着密切的联系，天津生态城南开小学打破了传统的行政指挥教学的模式，坚持“生态性”理念，建立公平、和谐的氛围，平衡行政与教学之间的关系，充分发挥教师的主观能动性，培养学生的创新精神和实践能力。学校坚持不断摸索着前进，激发个体的主动性，对教育管理的生态环境改革创新，改善教育管理的生态系统，更好地促进教育管理的发展，在有效发挥个体价值的同时促进整个生态教育系统的全面发展。

三、绿色教育润桃李，生态文明心中记

在全球生态环境日益恶化的背景下，生态文明建设已成为社会发展的重要举措。天津中新生态城作为可持续发展生态城市的典范，它的发展关乎国家生态文明发展的命运。生态文明城市的建设离不开生态文明教育。我国的生态教育起源于20世纪末，当前在推动学生生态文明教育方面基本上依然处于探索阶段。小学作为生态文明教育的初始阵地，对实现“美丽中国梦”有着重要意

义。学校积极响应时代号召，把生态文明教育作为学校"公能"教育的重要组成部分，在学校管理工作中积极嵌入有益于环境的管理措施，全面提高师生的环境素养。

建设生态文明城市，需要加强对学生进行生态文明教育；构建生态文明和谐社会，需要提高学生的生态文明意识；实现美丽的中国梦更需要加强对学生进行生态文明教育。学校唱响生态主旋律，注重对学生进行生态文明教育。学校致力于从丰富学生的生态知识、落实学生的社会实践活动、发挥主课堂作用、渗透环境教育四个方面着手，提升学生的生态文明思想，构建生态文明城市，丰富学生的生态知识。

（一）丰富多彩的科学课

学校为丰富学生的生态知识，顺应时代要求开设"科学课"。科学课程内容丰富，给学生提供了切身感受大自然奥妙的机会。在科学课堂上，学生能够自己种植植物和培育植物，详细观察、记录和了解植物的生长特点，在学习的过程中拉近与大自然的距离。让学生有机会切身感受大自然是科学课的独特魅力，而将大自然与科学技术紧密相连，更是科学课的伟大之处。它的伟大在于它能够让学生了解到生态与现代社会、科学技术的发展并不矛盾，让学生意识到，科技的发展是建立在构建生态社会的基础上的，而生态社会的发展又为科技进步提供良好的环境基础。科学课程的开设，是培养孩子们学自然、学科学、爱自然、爱科学和探索科技的主战场，它的存在促使孩子更加热爱自然、亲近科学。

（二）生态活动育童心

为了将生态教育付诸实践，学校以课程实践活动为载体，坚持以不断创新的活动形式，拓宽学生活动领域。学校经常举办与生态环境保护和生态文明教育相关的各种活动，如学校组织的"废物回收"活动，积极鼓励每一个学生参与，让学生将家里闲置或即将被丢弃的东西变废为宝。这些活动不仅能够使学生在做手工的过程中获得乐趣，提升动手能力，还能够增长知识。这既提高了他们综合运用知识的能力，又增加了他们对环境保护的信心。

大自然是最广阔的学校，为了让学生更好地感受生态社会，感受乡土生态文化，学校组织二年级全体学生赴宁河区齐心现代农业示范园进行采摘活动，学生在采摘的过程中与大自然亲密接触，大家亲自动手采摘蔬菜，并将摘到的蔬菜带回家与父母分享。劳动的过程虽然辛苦，却丰富了孩子们的认知，让大家更加直观地感受大自然。在辛苦采摘的过程中，倾听教师和工作人员的详细讲解，更能使学生了解植物生长的不易，感受生态环境的美好。

（三）发挥主课堂作用

学校教育植根于课堂，生态教育和学科教学相辅相成，只有把生态教育和学科教学有机结合，才能够更加深入地对学生进行教育和引导。学校的各学科老师在课堂教学的过程中，大都能够挖掘教材中与生态社会有关的内容，结合教材特点，对学生进行教育，并注重渗透绿色教育的理念和可持续发展的思想。如数学老师在数学课堂上引导学生要对垃圾进行分类；语文老师在课堂中告诉学生要爱护大自然、保护小动物；科学老师告诉学生要节约用水；班主任指导学生设计以保护环境为主题的黑板报；美术教师指导学生开展写生活动，制作以环保为题材的手抄报。各个学科以“润物细无声”的方式，既帮助学生提升了生态意识，又使学生从课程中获得了丰富的情感和认知体验，使其能够自发地保护环境。

（四）中药命名，彰显独特魅力

为了加强学校师生对大自然和中国传统文化的了解，每一位老师都以一味中药的名字作为其在校的名字。中药文化源远流长，包含万物。生长在各地的药草、各种各样的海洋生物，均可成为中药药材。学校用这种独特的校园文化引导全校师生与大自然进行无声的沟通，使全校师生能够以一种更加积极的态度认识大自然。学生会通过了解各个老师名字的来历和含义，懂得每一味中药的珍贵，进而更加尊重和爱护大自然，体会大自然的魅力，呵护身边的花草植物。

当前我国正处于社会主义生态文明建设的关键时期，学校将继续响应时代号召，将学校教育与环境教育融为一体，丰富学生的社会实践，陶冶学生情操。但学生的生态文明教育非一朝一夕之力，这需要每一个学校、每一位老师做好长期奋斗的准备。生态文明教育的健康发展关系到我国生态文明社会能否健康发展。生态教育不能只依赖学校，完整的生态教育离不开家庭和社会的支持，愿学校、家庭和社会能够共同砥砺前行，落实生态教育。

四、基于教育生态理论视角下的体育课堂管理研究

在学校教学中，教育教学的活动是在课堂中进行的。课堂教学任务的完成和教学质量的提高都来源于良好的课堂管理。教育生态理论是研究教育中的生态主体之间的一种相互作用的关系，它把生态主体看成一个完整的系统，强调各个因素之间的相互关联和协调发展。把教育生态理论运用到体育课堂管理中，解决课堂中出现的问题，旨在使课堂管理中的生态主体充满生机与活力，促进课堂生态主体的和谐有序发展，具有重要的理论指导意义。

（一）形成生态取向的体育课堂文化

教师和学生的精神面貌是课堂文化主要表现，课堂文化提倡的是对学生生命的重视，是建立在师生心与心的交流上的。生态取向的课堂文化倡导师生之间形成一种平等、和谐的课堂风气，否定了传统课堂以教师为主的单方面输出、学生被动接受的局面。把教育生态理论运用到体育教学中，需要形成生态取向的体育课堂文化。目前小学体育课堂中仍存在教师讲解过多，学生练习时间较少的局面。生态取向的体育课堂文化注重的是师生、生生之间的合作互动过程，需要学生之间多体验、多探讨、多合作，教师仅处在一种引导、组织的角色，双方共同形成一种和谐、互助的教学氛围，从而完成本节课的教学任务。

如在前滚翻教学中，教师可以采取小组合作的方式，一人练习，一人保护与帮助，交换练习。学生在学会前滚翻的基础上，也学会了如何保护与帮助别人，在指导别人练习的过程中，加深了对动作的记忆。学生不仅学会了技能，学习能力和合作能力也得到了提升。在"公能"教育思想理念的引领下，每个学科的

教师除在课堂管理中让学生掌握基础知识之外，还应注重对学生合作能力、学习能力的培养。

（二）注重和谐有序的体育课堂管理

传统的课堂管理是为了完成教学任务，主要以教师为首来控制学生的行为，抑制了学生在课堂上主动性、能动性、创造性的发展。教育生态理论下的课堂管理提倡的是对教师和学生生命的重视，形成一种在充满生机和活力的环境下，以教师和学生互为主体、相互尊重的一种交往活动，提倡对学生内在感受的关注。目前在体育课堂上，教师为了维持课堂秩序，过多地强调纪律，忽视了学生的心理需要，学生自然对本身感兴趣的体育课失去兴趣。把教育生态理论运用到体育教学中，就要形成和谐有序的体育课堂管理。在和谐有序的课堂管理中，教学主体不是单一的教师，也不是唯一的学生，而是教师作为设计者、组织者、执行者，学生作为探究者、合作者，主动参与运动的过程。在这个过程中，教师不仅要传授体育知识，而且还应关注学生的内在心理发展，教师更多的是培养学生的学习态度、内心情感和价值观。

如在体育教学中，学生通过发现式学习，学会一项体育技能让学生感受参与运动的快乐，这种心理感受是学生继续参与运动的动力，教师要带动学生的运动情感体验，在学生遇到困难时应及时鼓励，帮助学生树立自信心。和谐有序的体育课堂管理不仅能够约束学生的不良行为，还能提高学生上体育课的动力，这就是生态下的体育课堂管理。天津生态城南开小学的办学特色是"公能"教育思想，教师要善于培养学生在课堂上敢于发现问题、大胆质疑、勇于创新的精神。在进行学科建设中，要求每个学科在进行教学设计时要有质疑的环节，在课堂上引导学生主动去探究知识。这种教育理念正好与教育生态理论下的课堂管理相吻合。

（三）建立生态型的师生关系

良好的师生关系，对教学实践也是有教育意义的，其会直接作用于教育教学活动的效果。传统的师生关系是一种"主客二分"的思维模式，导致师生关系形成一种对立的局面，没有真正做到民主、平等、和谐。教育生态理论下师生关系提倡的是和谐、生态、民主。因此，建立生态型的师生关系应该是一种平等的、沟通的、进步的关系。

首先，对于教师来说，最重要的是打破传统的教师权威性。在传统的课堂管理中，教师属于“操纵者”，他们对学生严格训练，传授技术，表现出了威信至上的话语权，而学生毋庸置疑就成了老师的“附庸者”，他们体会不到学会运动技术给自身带来的成就感，时常处于一种无助、被动的局面。在生态课堂管理中，教师和学生在人格上是平等的，教师要包容学生的心理、生理、认知水平，与学生通过沟通接纳学生的意见。学校在“公能”教育思想的影响下，提倡教师在教学中，要广泛采纳学生提出的问题，并做出合理解释；培养学生自主管理的意识，锻炼学生自理自立的能力。在这种生态型的师生关系中，教师和学生共生共存，学生作为独立的个体存在，积极主动参与到课堂教学活动中，教师和学生在相互尊重、彼此沟通的情境下共同发展进步。

教育是一个灵魂唤醒另一个灵魂。教育生态理论下的课堂管理是塑造学生生命的过程，其追求教师和学生在课堂上的和谐、统一、发展，进而形成一种生态的、协调的课堂管理状态。以教育生态理论看待课堂管理中的现象，为课堂管理的实践活动提供了理论依据。在教学课堂管理中，学校注重对学生自主学习能力、质疑精神、创新能力的培养和塑造，教师发现每个学生身上的闪光点，让每个孩子成为最好的自己。

五、让学生在“公能”德育体系建设中自信成长

“公能”教育理念下的品德教育课程化建设，构建德育课程、学科课程、传统文化课程和实践活动课程“四位一体”的公能德育生态课程体系，这是落实立德树人根本任务、深入实施素质教育的重要保障。学校营造的生态德育追求学生与自然、学校与校园文化、学生与家庭的和谐统一，通过与自然的亲密接触，校园的文化熏陶，群体影响等，不教而教，健康发展。

生态德育从人与自然相互依存、和睦相处的生态道德观出发，引导受教育者自觉爱护自然环境，培养生态保护意识和思想觉悟，养成相应的道德文明和行为习惯。生态道德包括人对自然环境、自然资源、生物繁衍的态度等内容。

生态德育不是生态伦理学，也不是生态道德，而是一种生态教育活动，一种新德育观。学校以生态学、环境科学、教育生态学、教育社会学、教育心理学和新旧“三论”等科学原理为指导，以环境（包括自然环境、社会环境和文化环境）对个体道德素质的影响为逻辑基点，按照系统网络的观点，挖掘一切可以利用的育人资源，通过学校德育系统内部的物质循环、能量循环和信息传递，推动德育内容、德育方法良性发展，促使学生不断提升道德素养，养成以“爱国守法、明礼诚信、团结友善、勤俭自强、敬业奉献”为主题的基本道德品质。生态德育要在受教育者思想上树立一种崭新的人生观、自然观，合理调节人与自然的关系，有意识地调控人对自然的盲目行为。

生态德育是人际德育的发展。人际德育的德性视野教会人处理人与人之间的关系，而生态德育不仅关注人际关系，而且追问人与自然关系的道德性。

在生态德育视界下，对人际关系的理解与把握突破了人际德育的狭隘性，而是从一个更高远、更宏大的视界去关照人际行为：在纵向上将视界提升到人类“代与代”之间，当代人不仅要考虑本代人的利益，而且要关心后代人的利益，即使本代人际关系也应不仅看到个人眼前利益，而且要考虑到整个人类的长远利益。在横向上，将视界提升到“类与类”“族与族”之间，即不仅要看到个人利益与本民族利益，而且应虑及他人和其他民族的共同利益。而在类生态视界下领悟不同圈层人际关系时，更加应强调“平等互利”“和谐发展”“可持续发展”等取向。

生态德育是“一种新德育观”，意在凸显其在德育观念上的革新性。生态德育展现出一种崭新的德育视角，发现了在人际德育视角下看不到的道德和德育问题。在生态德育视界下重新评价人类的行为，就要引导受教育者体验到种群之间存在着“互惠共生”的关系，人们只有充分关注自身与他人及自然界的关系并及时解决问题，才能使生活变得更好。

学校如何变得优雅、得体、高效，德育工作的良好开展首当其冲。从复校之日起，学校各级领导就非常重视德育建设。在校领导、思品教师团队精心研究后，学校将德育计划加以整合、分类，形成了富有南开特色的“公能”德育课程，致力于打造特点鲜明的课程体系。“公能”德育课程不仅有大家所想到的对于学生的培养，也关注到了对于每位老师的培养，甚至物业、后勤、保安人员也加入其中，这也是学校一直倡导的全员育人，让所有的南开人都能努力成为最好的自己。

学校将学生综合素养培养分为主题教育活动课程、综合实践活动课程、学生社团建设课程和校园之声（红领巾广播）四个系列课程。主题教育活动课程有容止格言、校训、校歌、拉拉词、南开文化、养成教育、诚信、感恩、法制教育、文明礼仪、国旗下讲话等内容。学校将现有活动和未来不断创新的活动整合进一个个系列德育课程当中，使学校的德育活动清晰明了并符合时代发展需求。

每个课程在进行之前都要有切实可行的依据，就像上课需要教案一样，德育课程也是如此。如以往的升旗仪式都是能看见的固有形式，而接下来想要打破常规，突破创新，除了必须进行的流程以外，其他时间每班自主选择形式，目的就是希望班级内人人参与到爱国课程中，而不是像以往一样只有班里的零星几个学生参加。那么班级的升旗仪式如何和其他班级相结合，在未来开展相关主题活动时又怎么能够快速找到所需资料呢？答案就是校本课程教案。

学校还开展以爱国教育、生态文明教育、感恩教育、生命教育为主题的系列教育活动，晨读、升旗仪式、午播、社会实践、教室环境布置等活动串联起来，统一主题，形成一部公能德育课程连续剧，形成听觉、视觉、感知的三重冲击，达到优质闭环的效果，让学生们不断地浸润在学校提供的主题之中，在反复再现的过程中使“公能”德育课程真正走进学生心里。

天津生态城南开小学是在“公能”教育理念下的品德教育课程化建设，构建德育课程、学科课程、传统文化课程和实践活动课程“四位一体”的公能德育生态课程体系，这是落实立德树人根本任务、深入实施素质教育的重要保障。学校营造的生态德育追求学生与自然、学校与校园文化、学生与家庭的和谐统一。

（一）加强活动育人，突出实践活动的生态德育功能

在常规升旗仪式、晨读传统系列活动中，学校进行了“创建文明城区从我做起”等主题活动，并结合自身特色进行了“学会垃圾分类，创建文明城区，争做公能好少年”公能故事会等活动。

（二）完善校内德育实践活动，保证学校节会活动开展。

学校已连续开展三届科技月生态画活动，通过活动呼吁大家爱护环境，共创美好家园。在趣味互动中，学生将“低碳、绿色、环保”的理念种于心中。

（三）丰富校外德育实践活动，打造特色社会实践活动

学校的“环保进课堂”科普讲解活动，让学生们走出课堂，近距离感受生命之美。

千山万水总关情。习近平总书记曾经说过，“绿水青山就是金山银山”，环境保护是功在当代，利在千秋的事业，全体师生也要为这份事业贡献自己的绵薄之力，树立起保护生态环境的意识。

第三节

"中和"管理思想影响下的德育体现在学生爱国教育和道德品质培养

天津生态城南开小学在改革和创新之光的沐浴下，坚信"德育是学校质量的第一要素"，遵循"生活是德育的出发点"的原则，改变传统的说教、灌输方法为活动体验，改变传统的学生机械、被动地接受道德知识为积极主动地参与生活实践。这种让学生亲历各种实践活动并在活动中体验与感悟的德育，强烈唤起了学生生命的热情，使学生的身心得到敞开、情感得到释放，满足了学生成长发展的渴望。一路走来，学校宛如一棵大树，在改革发展的风霜雨雪中拔节，在德育创新的灿烂阳光中枝繁叶茂。

一、学校德育培养的要素

（一）注重学校精神的培养

根据张伯苓开创的南开系统的教育理论及取得的成绩可见，学校办学应该首先明确培养目标，围绕这一中心开设相应的专业和课程，组织一系列的教育教学活动。同时，学校应该注重培养自己学校的精神和文化，因为精神的力量是无形的、无穷的，它可以凝聚师生的意志力，激发他们强烈的主人翁意识，从而形成向心力，使师生紧密团结，共同为学校发展出谋献策、添砖加瓦。

（二）注重学生综合素质的培养

张伯苓的教育目标是培养学生的"完全人格"，"完全人格"是指"学生具备出色的德智体素质"。为了这个目标，张伯苓指出应该实行"三育并举而不可偏废"的教育方针，即在德育、智育、体育三方面进行培养。这对当前学校发展具有很强的借鉴意义。学校是教育的主阵地，培养全面人才是学校发展的核心，学校应该以教学质量改革为中心，以开放创新为途径，使学生全面发展，塑造综合素质突出的合格学生。

（三）坚持德育为本，丰富德育形式

张伯苓认为，"以德育为万事之本"，南开系列学校的教育最为重视学生道德品质和公德意识的培养。他主张将德育实践于丰富多彩的校园文化活动当中，积极鼓励学生深入社会、了解实际问题，在实践调研中增强社会责任感、提升道德素养，这对于当前学校的发展有很强的指导作用。中国要发展壮大，必须切实提高全民的综合素质，而最重要的在于提高全面的公德意识。所以，学校应该借鉴张伯苓"以德为帅"的思想，在大力培养学生专业能力的同时，重视对学生的道德教育，坚持两手抓而不松懈。同时，学校应该积极探索德育的途径，创新德育方法，开展一些有价值、有意义的校园文化活动，使学生"学行并重"，通过实践活动把德育的思想内化，表现在自己的日常行为中。

（四）重视国情教育

张伯苓曾明确指出，学生应该"知中国""服务中国"。所谓"知中国"，即了解中国历史、认识中国国情、熟悉中国现状等。所谓"服务中国"，即解决中国问题、为中国发展贡献力量。这种国情教育思想对当代思想政治工作具有深远的指导意义。对学校而言，必须结合第一课堂、第二课堂的活动形式，对学生进行国情教育。在教学环节上，学习的每一门课程都应该增添"中国元素"，不能生硬照搬照抄国外理论，应重视实践教学环节，注重解决中国社会实际建设中出现的新问题。在第二课堂上，学校应该拓宽活动形式、丰富活动载体，设计、开展贴合中国国情的主题教育活动，结合社会时事、政事，聚焦热点问题，对青年学生进行适当的国情教育，使学生认识中国，将来更好地为社会服务。

二、学校教育视角下的学生品德养成教育

品格教育是教育永远的核心，学生的品德养成教育应该触及每个孩子的内心世界，滋养孩子们的心灵。以"教育生态学"理论为依据，针对学生的品德养成教育，学校应该营造良好校园文化氛围，加强行为规范养成教育；站稳道德与法治课堂主阵地，落实立德树人根本任务；强化社会实践，帮助学生将品德教育内容吸收、内化。

现在由于大部分家长关注的是孩子的"成才"而不是"成人"，加之现有的一些不良的社会风气，很多学生入学之前都存在一个共同问题——好习惯缺失。"教育生态学"强调教育与外部环境之间、教育内部各层次之间的有机统一和协调发展。在学校教育环境中对学生进行品德养成教育，需要发挥学校内各个要素的整体、系统性价值，发挥学校在品德教育中的主导作用，引导学生养成良好的生活习惯，形成优良的道德品质。

（一）营造良好校园文化氛围，加强行为规范养成教育

现在学校教育环境追求的是"让生命实体在良好的条件下自然地、和谐地、自由地生长。"学生个性的发展就根植于学校的文化。南开校园文化的作用，从孩子们第一次迈入校门的那一刻就开始影响着他。

天津生态城南开小学校园中，南开文化润物无声。学校楼道内悬挂的名人名言、名人事迹为学生打造了一个良好的教育生态环境，这对学生品德的养成产生持久的渗透性作用。

让每个孩子都成为最好的自己。在"允公允能，日新月异"校训的影响下，在校园里形成"仁爱有礼，和谐有序"的良好校风；在课堂上展示"切问精思，笃实好学"的学风；在教师队伍里树立"明德修业，自强不息"的教风；每个学生都齐头并进，树立为国奉献的宏志，立志成为为社会服务的有用人才。正是在这"一训三风"有力的推进下，学校开展品德养成教育，帮助学生树立强烈责任感和上善的心性。

（二）站稳道德与法治课堂主阵地，落实立德树人根本任务

对于学生来说，“好习惯的养成”变成了他们最紧需学习的内容。从教学生态学的角度出发，课堂是一个微小的生态系统，课堂上任何子要素的缺失都会影响课堂的“生态平衡性”，因此应着重强调在课堂上建立学生学习生态。

1.体验学习唤醒学生心灵。品德养成是一种体验性学习，学习效果如何，取决于学习者体验的深度与强度。在课堂教学中创设自主参与的活动情境，是加强学生情感体验的有效途径。告诉学生的道德规则和良好规范，很快他们会忘记，而让学生参与体验活动，学生用心体会，就会完全理解并牢牢记住。如在“我不拖拉”一课中设计的“拖拉一下没关系吗”环节中，依据课标对培养学生“做事认真负责，有始有终，不拖拉”的要求，组织学生通过自选角色如医生、消防员、农民、工人等进行情景表演，在表演中思考“如果拖拉了，会出现怎样的严重后果?”，生生互动中形成正确时间观念，初步养成不拖拉的习惯。

2.榜样示范引导学生向上。“用道德的示范来造就一个人，显然比用法律去约束他更有价值。”在中国，从古至今，榜样学习一直是品德教育最常用的方式。历史人物、先进人物的鞭策作用，鼓励着一代又一代的中国人为实现伟大中国梦努力前进。低年级的学生身心发展处于具体形象思维阶段，他们更容易接受具体、形象的有感染力和说服力的事物。那些绘本故事里的优秀人物和身边的学习榜样更易于吸引他们的注意，容易引起他们的共情。教师可以让学生寻找身边的榜样，同学之间互为榜样。在“让我自己来整理”一课中，通过学生自己介绍、交流整理个人物品好办法，生生互评，选出“自理自立小明星”，在榜样学习中引导学生逐步树立自理自立的意识，养成良好的卫生习惯。与身边的榜样一同成长、学习，榜样的力量便会如春风化雨般滋润每一位孩子的内心，助力学生养成良好的整理习惯。

3.情景辨析，树立正确道德观念。培养学生明辨是非善恶的能力是小学道德与法治课非常重要的一个任务。辨别是与非，知道对与错，形成正确的道德观念，引导学生播下善良的种子，拥有一颗向善的道德心，懂得什么事情值得提

倡学习，知道什么事情该做。从学生熟悉的事物出发，教育学生批判反思。低年级学生容易受教化，在道德与法治课程中通过教材中设置的"辨析栏目"，辨析正反两种观点，提高学生对各种道德行为的辨析能力。在"我们爱整洁"一课中设计辨析栏"这样是爱整洁吗"。"因为我们要做到爱整洁，怕弄脏衣服，所以不要去参加劳动，也不要去体验捏泥土、堆沙堡等游戏。这样对吗？"请小组讨论，每一名学生都发表自己的意见，在互相辩论中，形成了正确的思维导向。怕沙土就不会享受玩耍的快乐，如果真的爱干净，你就不会因为怕脏、怕累不去参加班级集体劳动，体验集体合作的快乐。爱干净既是一种良好的行为习惯，更是一种精神上的快乐。

（三）强化社会实践，内化道德行为

生态教育强调"自然是最好的老师"，只有开放的生态系统才会充满生机和活力。在学生的思想和行为之间有一条小小的"鸿沟"，需要用实践把这条"鸿沟"填满。教师有责任和义务帮助学生在社会实践中体验课堂中所学的道德准则和道德规则，通过学生自身实践的形式将其内化为自己的日常行为习惯。

让道德实践与班队活动、学校社会实践紧密结合，使导行生活化、社会化，开展以各种实践活动为载体的品德教育。学校每月针对不同的德育主题进行不同的社会实践活动。在学生春游欣赏大自然美景、垃圾清理之后，进行"大自然，谢谢您"一课，设置问题组："你热爱大自然妈妈吗？""大自然妈妈为什么需要大家的呵护？""怎样表达你的这份热爱？"学生是在实践之后解答问题。亲近大自然的过程中，培养了学生尊重生命、保护大自然的意识。在生活中领悟，能够加深学生自身对道理理念的理解。

"教育生态学"立足于生命的成长，须充分发挥学校在学生品德养成教育中的核心主导地位，将学校品德养成教育落到实处，帮助学生塑成品格，引导其成为一个有爱心、责任心、行为良好的合格社会公民，将来成为国家的栋梁之材，对社会做出贡献。

三、品德教育中的生态教育

随着社会的迅猛发展，经济的增长不再是发展的第一位，“绿水青山才是金山银山”，因此要寻求经济与生态的协调发展，保护生态环境成为我们每一个社会成员义不容辞的责任。生态文明的建设与生态文明教育紧密相连，在学生的品德教育中，加强生态教育可以提高他们的生态文明的意识，培养良好的生态文明习惯。生态教育是一种新的教育观，是指教育从人与自然和谐相处的生态观出发，引导受教育者养成生态保护意识、可持续发展意识，自觉地热爱、保护大自然，维持生态平衡。

（一）在道德与法治课堂中渗透生态教育的必要性

生态文明建设是关系中华民族发展的根本大计。学生是祖国的未来和希望，因此在道德与法治课堂中渗透生态教育十分必要。

1.有助于培养学生的生态意识。具备良好的生态文明素质是当今衡量学生文明的重要标准之一，然而现今的学生大多是独生子女，被父母视为掌上明珠，因此会有部分学生我行我素，缺乏对生态环境的爱护。由于部分学生生态文明意识和生态文明素质偏低，导致美丽的校园中经常会出现一些不和谐的现象，如：随地吐痰、践踏花草树木、乱涂乱画等。还有部分学生存在浪费资源的现象，如在吃午餐的时候餐桌上有大量的剩饭剩菜，大课间进行室外活动或者上体育课时没有及时将班级中的灯熄灭，没有将白板关闭等等。因此，在小学道德与法治课堂中渗透生态文明教育可以帮助学生提高生态文明、节约资源的环保意识。学生是社会主义事业的建设者，他们的成长、成才与国家的前途息息相关，增强学生的生态文明意识、提升生态文明素质也将带动社会其他成员提升生态意识。

2.有助于改善生态教育现状。保护生态环境已成为全社会所关注的问题，虽然我国的生态教育已经取得了一定的成果，但是我国的生态教育尚不成熟、体系尚不健全，学生生态教育中还存在许多问题，如教师缺少生态教育相关内容的培训,导致教授的生态知识不完整、不系统;缺少学生使用的相关生态文明教育的书籍;生态教育流于形式等,这都在一定程度上限制了生态教育的有效实施。在道德与法治课堂中融入生态教育将在一定可能性上改善生态教育的现状。

3.有助于建设社会主义生态文明。改革开放以来我国经济迅猛增长,与此同时生态环境遭到了一定程度的破坏,经济与生态环境的发展出现不协调的现象。党的十八大将生态文明建设纳入中国特色社会主义事业总体布局之中,明确了生态文明建设的重要战略地位,强调人与自然要和谐共生,走生态良好的文明发展道路。生态文明教育在道德与法治课中渗透有利于增强学生生态文明意识,有利于提升学生的生态文明素质,有利于建设社会主义生态文明。

4.有助于中国生态教育与世界生态教育接轨,形成全球生态教育体系。习近平总书记指出:"人类生活在同一个地球村里,生活在历史和现实交汇的同一个时空里,越来越成为你中有我、我中有你的命运共同体。"世界各国人民形成了人类命运共同体,进行生态保护是我们每一个人的义务和责任,我们要不断提高生态意识。对于生态问题,世界各国可结合本国生态的实际情况,以及全球普遍的生态问题的解决对策,相互交流、理解、合作。在求同存异的基础上齐心协力解决生态问题,力求建立新的生态德育体系。学生是国家的后备军,肩负着民族复兴的重任,因此渗透生态教育不仅对我国的生态建设有重大意义,对于世界生态体系的发展有推动作用。

（二）加强生态教育的对策

1.教师提高自身的生态意识。生态教育开展的质量以及效果在很大程度上取决于教师的素质,因此教师要具备良好的生态道德品质以及完备的生态相关知识。这就要求教师要积极参加生态教育相关的培训活动,在日常生活中还要多阅读、多积累生态相关的知识,关注相关的新闻以及电视节目。教师通过学习提高了生态意识,因此也会增强对学生生态教育的责任感,明确帮助学生树立生态意识是教育者义不容辞的使命。与此同时,教师还要言传身教,在课堂上对学生进行生态教育，在课下还要用自己的实际行动教育学生。

2.开展第二课堂进行生态教育。“纸上得来终觉浅，绝知此事要躬行。”进行生态教育不仅仅要停留在课堂之上，还要积极开展第二课堂，如环保社团、节水周等活动，让学生在实践活动中感悟生态的意义，了解掌握生态知识的重要性。并且教师还要鼓励学生投向大自然的怀抱，感悟大自然的壮美，激发学生对大自然的热爱之情，心中油然生起保护大自然的责任感与使命感。学生通过实践活动的践行，明白应在日常生活中从点滴小事做起，保护生态环境。

3.结合爱国主义、国情教育进行生态教育。小学阶段的学生已经具备了接受知识的能力，所以在对他们进行爱国主义以及国情教育的时候可以增加一定的知识，让学生了解我国与其他国家的资源、人口以及环境状况，知道我国与其他发达国家的差距，提高他们对可持续发展和环境保护的意识，帮助他们清楚地认识到要实现伟大复兴的中国梦是一项艰巨的任务，需要我们每一个成员共同努力，节约、保护资源，增强可持续发展的能力。

4.依托大众传媒进行生态教育。当今社会是信息化社会，网络、广播、电视等已经成为获取知识和信息的重要渠道，因此要重视大众传媒的传播作用。大众传媒具有直观、生动、便捷的特点，利用大众传媒对学生进行生态教育，可以实现润物细无声的教育效果。一方面教师可以引导学生主动接受生态相关内容，养成良好的行为习惯；另一方面教师自己也可以从大众传媒中获取一些素材，将其融入课堂教育之中。

当今生态环境问题已成为全球普遍关注的问题，因此必须加强生态教育。学生是祖国的希望和未来，他们的生态意识关系到国家的发展，所以不仅应在课堂中进行生态教育，还要积极推广第二课堂，依托大众传媒等方式增强学生的生态意识，树立良好的生态道德风尚。

三、通过教育生态学理论实现爱国主义教育

教育生态学理论倡导教育生态主体与生态环境之间和谐、平衡的生态系

统。在教学过程中，教师要把握教材、教师、学生和课堂等生态主体之间良性的可持续发展状态。道德与法治课程对学生道德品格的培养离不开教育生态理论的渗透与指导。爱国主义是我国优秀的传统文化，更是学生必备的优良品格，推动着中华民族不断前行。教师在教育生态的视角下深入研究教材，使爱国主义内容更具层次性；完善教学手段，明晰学生的生态位；拓宽课程资源，构建多元、互动的生态化教学内容。

教育生态学理论是教育学和生态学两个学科的交叉，教育生态学是以生态化的视角来看待教育环境中的各元素。生态学视角下的小学实践课堂将教师、学生、教学内容以及教学情感全部纳入课堂教学生态系统中，彼此相互作用、影响，营造充满生机活力的小学课堂。目前，在学生品德教学过程中，各生态元素之间并未达到良好的可持续发展状态，教师对教材中的内容理解较为浅显，将爱国主义等同于对国家的节日和标志性物质的学习和认识；教师多以灌输和说教的方式授课，这使得教学缺乏生机和活力；教师将教学内容与学校的相关德育工作相分离。学生爱国主义教育的落实与实施更加需要教师在教学过程中实现创新和发展。

（一）深入挖掘教材，使爱国主义内容更具层次性

爱国主义教育根据不同的年龄阶段提出了不同的层次要求，初级层次是对自己的父母家人、家乡故土、国家标志物的热爱；中级层次是对自己所属民族和国家的强烈的热爱和依恋之情；高级层次是爱祖国与爱社会主义的统一、爱国主义与国际主义的统一。小学道德与法治课程中的爱国主义教育主要涉及的是初级层次和中级层次。小学低年级为初级层次，二年级“道德与法制”上册第三课“欢欢喜喜过国庆”主要培养学生的国家意识和爱国情感，通过让学生学习国旗、国徽的知识，会唱国歌，自觉遵守升国旗的基本礼仪，感受国家安定繁荣的来之不易。第二单元“我们的班级”让学生树立了班级的集体生活观念，激发学生的集体荣誉感，明确自己在集体中的责任。第三单元“我们在公共场所”使学生养成自觉遵守公共秩序、维护公共卫生、自觉爱护公物的行为和习惯。第

四单元“我们生活的地方”引导学生全面了解家乡的物产、人和文化特点，感受自己与家乡的紧密联系，激发学生热爱家乡、建设家乡的责任意识。教材中爱国主义的相关内容呈现出螺旋式上升的逻辑性。

爱国主义教育是建立在集体主义的基础之上的，学校要将学生培养为热爱国家，有民族自豪感和归属感的为社会服务的公民。教师需要从家庭、班集体到家乡再到国家，层层递进式地展现对学生家国情怀的培养。教师要深入教材，将每一单元中相关内容进行分析和整理，明确学生要达到的爱国主义目标和层次；同时，教师能够站在整体的高度把握爱国主义内容在整册书中的逻辑关系，使得教师对教材内容的理解更具层次性。教学内容作为教育生态中的重要因子，为教师和学生服务、使用。教师要把握教学内容的层次性，使教学内容、教师和学生之间相互作用，相得益彰。

（二）完善教学手段，让教育生态环境更加和谐

道德与法治课程中爱国主义教育内容的有效实施离不开教师对学生实际情况的把握。爱国主义教育要了解学生的思维特点，学生的思维发展处于具体形象阶段。爱国主义的概念是比较抽象的，但爱国行为、爱国主义教育的内容却是很具体的，因此爱国主义教育是可以形象化的。如“家乡物产养育我”这一课通过让学生了解家乡盛产的物产、感受家乡山水美景的同时，发现家乡特色的自然环境，感受家乡传统文化的魅力，产生自豪感和对家乡的认同感。在学生看来，家乡的物产只是一个具象的物体，不能真正理解其意义。因而，学生在谈到爱家乡时，多数只会说说家乡的山山水水，很少能产生情感上的共鸣。课堂中通过设置“小导游”的情境，学生们一起乘坐大巴车来到不同的地方参观和旅游，每一个小导游都要介绍家乡的丰富物产来吸引更多的游客，最后评选出最受欢迎的家乡和最佳小导游。通过让学生作为小导游来带大家欣赏家乡的山水风景，突出学生在教育教学过程中的生态位，使教师与学生两个主体在教学中地位平等，形成了融洽的教学氛围，让教育生态环境更加和谐。

（三）拓宽课程资源，构建多元、互动的生态化教学内容

丰富的教学资源有利于实现提高教学的时效性。"道德与法治"课程的资源是多样的、开放的，有多媒体资源、社会活动资源和学校活动资源等，其中最直接的是学校的相关德育活动资源。少先队活动是对学生进行爱国主义教育的有效途径，在活动中激发学生的爱国主义情感和集体主义情感，同时将其落实在日常的行为，帮助学生实现道德认知和道德情感的统一。如"道德与法治"一年级下册第二课"我们有精神"中展现了少先队员佩戴红领巾、站姿挺拔和升旗仪式中着装整洁的护旗手迈着统一的步伐出旗。由于一年级学生在第二学期开始参加入队仪式，因此在"我们有精神"这一课可以融入少先队的相关内容，例如为什么要佩戴红领巾、如何佩戴红领巾显得更加有精神。这也使学生在参加入队仪式时，能够彰显对红领巾的尊重和加入少先队的自豪感和责任心。教学内容作为教育生态因子之一，要实现教育的生态平衡，需要教师以教材为基础，拓宽视野，以学生生活为基础，构建多元化的教育生态内容。

天津生态城南开小学"中和"管理思想影响下的德育体现在对学生爱国教育和道德品质培养，其植根于中华民族的传统文化，将仁爱孝悌、精忠爱国、勤俭诚信、谦和好礼等美德内化成为学生性格的一部分。

第四节
在实践中培养学生的科学探求和创新能力

1925年张伯苓亲自到日、美、法、意、瑞士等国考察教育。这次考察，是他学习西方教育的转折点。首先，张伯苓把考察教育同考察社会密切地联系起来。各国的情形如何，政治经济状况如何，教育怎样解决他们这些问题等，成了他最关心的问题。其次，张伯苓对外国的长处、短处有了比较客观的认识。张伯苓觉得美国的东西有的可以搬到中国来，有的不能搬，勉强搬有害而无利。他针对当时在学习外国的认识上普遍存在的问题，深刻地指出了中国学习欧美，忽视了造成现代国家的两大要素——科学的方法和民治的精神，“我们取法的只是他们科学方法和民治精神的使用，而不是由科学的方法和民治的精神所产生的结果”。

创新是一个民族进步不竭的源泉，所以创新能力的培养理应是教育不可偏废的重要使命。学校在实践中培养学生科学探求和创新能力，取得了丰硕的成果。

一、核心素养视域下小学“道德与法治”生态课堂教学

在小学“道德与法治”课堂教学中，基于培育学生核心素养开展的生态课堂教学是一种和谐的、动态的、生产性的教学方式。构建生态课堂可以调动一切教学资源，丰富学习内容，发散学生思维，营造全新的课堂氛围。当前教育的重要发展趋势是追求对学生核心素养的培养。根据核心素养和教育生态学的原理与方法构建小学道德与法治生态课堂，需要教师着力探索与创新，促进师生

双向和谐发展，提高教学的实效性，满足学生思想道德成长的需要，促进学生基本文明素质的养成，进而推动我国法治文明建设。

（一）"道德与法治"生态课堂的内涵

在道德与法治课堂上，教师联系学生的实际生活，精心设计各种活动让学生去理解、体验，培养学生进行自主性的合作探索学习，在具体的生活情境中，学与教发生互动共生关系，从而柔化生硬的道德规范，内化外在的道德要求。整个课堂处于动态发展变化中，师生和谐有序地进行有情、有理、有行的道德与法治教育活动，学生在全身心参与中得到全面发展。

（二）"道德与法治"生态课堂的构建依据

1.培育核心素养的要求。良好的道德品质是学生基本文明素养的核心。"道德与法治"课承担着培育学生以道德发展为核心的基本文明素质的任务。开展道德与法治生态课堂，有助于实现教学目标，教师通过创设任务情境或问题情境，激发学生主动学习和探究的兴趣，鼓励他们大胆尝试解决问题的方法，要求学生学会自主性的合作学习，实现学生的全面发展，从而更进一步推动核心素养发展。

2.学生成长的要求。构建生态课堂，能够为学生提供一个轻松愉快的学习环境。教学过程中创设情境能够引发学生思考，提高学生思维创新能力。在情境氛围中学生展示自己解决问题的能力和辨别是非的能力。通过教学过程中的正确引导，能够增加学生的情感体验，有效提高学习的积极性，锻炼思维能力，促进学生成长。

（三）"道德与法治"生态课堂的教学策略

1.整合资源，营造生态教学环境。在构建生态课堂的过程中，教师需要充分利用多种渠道整合教学资源，在考虑学生生活特性的基础上，以生活的逻辑梳理教材的结构和内容，凸显学生的主体能动性，引导他们探索发现、获取知识、开发潜能、张扬个性，使"道德与法治"课堂真正成为学生的快乐天地。

如在教授"安全记心上"一课时，学生已经通过其他途径具备了相关知识和经验储备。所以在教学时，教师让学生交流已有的知识和经验，在学生未知领域进行点拨。教师以具有道德和教育意义、学生可感可思的生活事件为"原材料"，引导学生在相应的情境中将自护逃生的知识转化为技能。如正确拨打"119"火警电话、在不同的火灾现场如何逃生等。在各种逼真的情境中，学生在实践演练中形成安全自护技能，这是构建生态课堂的重要标志。这样，学生不仅带着经验走进课堂，更能够带着收获、疑问走出课堂，思考、发现身边的问题，用自己的眼睛去发现学校、家庭、社会存在的安全隐患并提出改进建议，真正成为安全自护的小主人。"道德与法治"课最重要的就是要做到知行统一，将认知层面的知识转化为技能。教师在教学时应关注学生特点，根据学生经验和生活环境对教材内容进行二次开发，整合资源，创设教学情境，使教学更贴近学生，提高课程的实效性。

2.注重实际，确立生态教学目标。教学目标是生态课堂的灵魂和方向。在培育核心素养的背景下，教师只有结合课程标准的要求和学生实际情况才能确定精确、恰当的教学目标，确定教学思路，设计出学生喜爱的教学活动，以提升教学的匹配性。如在"我们的成长天地"一课中，教师根据学生的实际情况，针对教学主题，制定以下教学目标：感受校园文化氛围，了解自己健康成长与学校良好教育的密切关系，意识到学校的重要性；知道学校是我们成长的天地，懂得学校对自己成长的重要意义；了解接受义务教育既是自己的权利也是义务，能用法律保护受教育权不受侵犯。接着，围绕教学目标展开条理性教学。学生首先述说自己的校园生活，再通过分析案例意识到学校陪伴成长，最后感悟上学的意义并明白用法律来保护自己受教育的权利。最终，这节课突出了学校生活的重要性，落实了法治教育内容。教师在课堂上确立生态教学目标，突出了教学重难点，充分利用学生的生活经验，使学生迅速进入学习情境，巧妙设计法治教育，适时总结与提升，达到了课堂生态指数。

3.优化教法，提高生态教学质量。生态课堂的教学方法是多元化、多样性的。教师需要根据学情适时创新教法，设计新颖课堂教学，使教学内容易于学生接受与理解，更好地发挥学生的参与性，锻炼学生的实践创新能力。如小组合作学习、课堂辩论、游戏猜谜、知识竞答等。这样的教学方式能够让学生在生活细节中感知教师的付出，知爱、懂爱，获得道德感动，生成的道德认知与情感是真实的、发自内心深处的，这样能促使学生建立正确的道德观与价值观，做好一个新时代的学生。在道德与法治教学中，教师根据培育核心素养的要求构建和谐的生态课堂，创设教学情境，让学生亲身参与其中，在情境体验中理解道德、学习道德，激发学生思维与灵感，触动他们的内心世界，促使每个孩子都成为最好的自己。

二、生态教育理念视角下的道德法治课堂

天津中新生态城在进行生态文明建设的过程中，教育首当其冲，承担起大力发展生态文明教育的重任。生态教育理念有别于传统的教育理念，强调对学生思维的引领。传统的道德法治课堂更多的是进行填鸭式教育，未能从思维上引领学生，生态教育理念指导下的课堂更容易达到"知情意行"统一的教学目标。

当今社会，生态文明建设已经成为继经济、政治、文化、社会建设之后一个重要的治国理念。关于生态文明建设的理念，党的十八大报告强调指出，"必须树立尊重自然、顺应自然、保护自然的生态文明理念"，我们要努力形成人与自然和谐相处的思想观念。习近平同志在十九大报告中指出，要加快生态文明体制改革，建设美丽中国。顺应生态文明建设大潮，天津中新生态城用十年时间从一片盐碱荒滩变成一座宜居宜业的绿色新城。天津中新生态城不仅是一座绿城，还是一座名副其实的"教育之城"，这里有着雄厚的教育资源和师资力量。

教育生态学是20世纪30年代在西方兴起的教育学分支学科，它是由教育学、生态学、社会学、心理学等不同学科相互交叉形成的边缘学科，是生态学原理与方法在教育学中渗透与应用的产物。教育生态学认为，教师与学生是两大生态主体，在教学活动中，强调以学生为本，考虑学生的实际需求，通过高效有

序的教学活动，调动学生的积极性，实现生态化的课堂模式，保障教学生态系统的有效运行。生态化的教育理念有别于传统的教育理念，强调对学生思维的引领。在学习的过程中，学生不是被动的接受者，而应有独立思考以及创新的能力。学习的过程就是学习者自己发现问题并解决问题的过程。

在生态学领域中有著名的"花盆效应"，即局部生境效应。花盆是一个半人工、半自然的小生态环境。在这种人为创造出来的适宜植物生长的环境条件中，在特定时间和特定条件下，作物和花卉可以长得很好，但一旦离开了人们的精心呵护，作物和花卉就很难经得起风吹雨打。花盆效应在教育生态上表现得尤为突出。家长对孩子的娇惯和溺爱，封闭、半封闭的教学环境，传统课堂教学对教材的依赖，都可能削弱学生适应现实生活的能力，在一定程度上限制了学生与外界的联系，束缚了学生的创新思维，最终使学生机械地学习，失去自主探究和自主学习的能力，无法应对瞬息万变的社会环境。

学生的心智尚未完全成熟，处于人生发展的初级阶段，人生观、价值观、世界观尚未完全形成，且自控能力、自觉性以及自主性等均不够健全、完善，但与此相对应的，学生的可塑性非常强。小学"道德与法治"课堂是塑造学生世界观、人生观、价值观的重要途径。用生态教育理念指导"道德与法治"课程的设计，采用多种让学生自主学习、探究学习的方法，才能获得更理想的教育效果。

传统的"道德与法治"课堂以说教为主，更多的是进行填鸭式教学，只能达到知识上的教学目标，未能达到知识指导行为的教学目标，不能真正实现知情意行的统一。生态教育理念指导下的课堂更容易达到知情意行统一的教学目标。例"道德与法治"一年级上册"上学路上"一课中要求学生认识最基本的交通标志，了解与自己生活相关的交通安全常识，愿意遵守交通规则，树立保护自己安全的意识，并且能够自觉遵守交通规则的好习惯。在这一课的教学过程中，为了达到知情意行统一的教学目标，采用探究学习、自主学习的方式，让学生观察自己的上学路线，画出上学路线，并标出交通标志，课堂上让学生模拟过马路，在接近自然生态的环境下正确认识交通安全的重要性并学会正确的交通安全行为。

培养什么样的人？怎样培养人？为谁培养人？这是当今学校教育的主要问题。教育的对象是学生，是活生生的人。生态教育理念对培养什么样的人提出了明确的要求，指出要培养有品质、有内涵、多元化的人。

习近平同志指出，要讲清楚中华优秀传统文化的历史渊源、发展脉络、基本走向，讲清楚中华文化的独特创造、价值理念、鲜明特色，增强文化自信和价值观自信。要认真汲取中华优秀传统文化的思想精华和道德精髓，大力弘扬以爱国主义为核心的民族精神和以改革创新为核心的时代精神，深入挖掘和阐发中华优秀传统文化讲仁爱、重民本、守诚信、崇正义、尚和合、求大同的时代价值，使中华优秀传统文化成为涵养社会主义核心价值观的重要源泉。要处理好继承和创造性发展的关系，重点做好创造性转化和创新性发展。

天津生态城南开小学在浓厚的爱国、乐群、敬业的公德价值观氛围中，在培养具有国际视野、德才兼备、全面发展的高素质创新型人才上努力。“道德与法治”课堂作为学校德育工作的主要阵地，在培养有品质、有内涵、多元化的高素质人才方面肩负着重担。在未来的教学过程中，“道德与法治”课程应进一步践行生态教育理念，提升素质教育，推动传统教育改革，培养学生具有创新的思维，帮助学生成长为才高志远，大气灵动的新一代南开人，培养学生成为符合国家、民族、社会根本利益并具有核心竞争力，能够积极推动社会进步的后备人才。

第五节

传承南开崇武尚美精神，培养健康有素养的学生

流金岁月，文化典藏。翻阅南开的老照片，那些黑白胶片上充满活力的身姿，总会令人一次又一次地感动：健硕的肌肉、奔跑的双腿、操场上神情肃然的队列、挥洒着汗水大笑着的青春脸庞……南开学校孕育了诸多运动健将，更培育出无数不仅有强健的思想，更加有强健人格、强健体格的人才。

南开精神创始人张伯苓先生十分重视体育教育。“教育里没有了体育，教育就不完全。我觉得体育比什么都重要。”“德智体三育之中，中国人所最缺者为体育。”南开系列学校将体育课程纳入必修课，并不断完善体育课程考核体系，课外体育活动在当时也蔚然成风。张伯苓先生常说：“强国必先强种，强种必先强身。”他还说：“教育里没有体育，教育就不完全。”“不懂体育的人不能当校长。”张伯苓先生在学校不仅重视对运动队的培养，重视全体学生的身体锻炼，而且更重视体育运动的普及。他说：“我意以为运动的范围，不宜限于学校，应该推而广之，须普遍与全社会。”“我意以为运动的标准，不应该集中在大会的竞赛和锦标的夺得。应当视若日常生活的一种习惯，常常练习，使技术精绝出众。”“对于它的宗旨，就是尽己之所能，不断地按部就班，脚踏实地地去做。”当前，党和国家提出的教育方针，也是要求把学生培养成为德智体美劳全面发展的新人。

张伯苓先生曾在旧中国的军校受过专业训练。据他的学生回忆，张伯苓先生将上水师学堂时做体操用的哑铃和棍棒，画出图样，让木匠做出来，给学生

们练习。他还同学生们在一起游戏，教给他们各种室外运动，如骑自行车、跳高、跳远、踢足球等。谁都知道，张伯苓先生的“爱国三问”是：“你们是中国人吗？”“你们爱中国吗？”“你们愿意中国好吗？”张伯苓先生最早提出教育要“德智体三育并进而不偏废”的主张。“三育”之中，南开精神把道德教育视为教育的根本，强调“教育范围，绝不可限于书本教育、智知教育，而应特别注重人格教育、道德教育”，明确提出了“以德育为万事之本”，努力探索和研究青少年道德形成的规律和新的道德导向。南开系列学校十分重视学校体育，注重通过学校体育培养学生团结、互助、合作的爱国精神，强调良好的体育道德，反对锦标主义。这些思想也应该是当今体育课程中传输给学生的。

张伯苓先生与中国近代体育组织的建立与管理、开展中国近代女子体育、支持创办利生体育用品厂、支持中国近代体育报刊和图书出版等，关系十分密切，张伯苓先生的从教人生也就是体育人生。因此，“教育是南开精神和奥运理念的核心”“参与体育运动，接受体育教育”“公平竞争是一种公德规范”“竞争奋斗体现着时代精神”“爱国主义是民族自强的精神动力”“热心传播奥运理念，追求世界和平、友谊、进步”等六个方面的精神，引导大家将思政教育与体育教学相融合，凝聚共识，共筑同心，一同推动南开系列学校体育育人工作迈向新的台阶。南开系列学校的体育精神和体育特色，即“自觉体育、全面体育、终身体育”。通过讲述老校长张伯苓先生的体育育人情怀，能够帮助体育教师找准育人工作的着力点，共寻体育育人初心，守好初心、担好使命，扎实开展好学校体育教育教学工作。

健康的身体是一切生产活动的基础。天津生态城南开小学牢固树立“健康第一”的指导思想，倡导“让运动成为习惯，让生命更加精彩”的健身理念，大力开展各种体育运动，丰富校园文化生活，促进学生的身心健康。学校将加强体育锻炼，增强学生体质是学校工作的一大重点。学校以体育为抓手，以体育德，将体育与学校文化融为一体。学校的体育工作紧跟体育改革的步伐，积极探索，不断改进，努力打造“学校因特色而发展，教师因特色而成长，学生因特色而精彩”的具有学校特色的体育品牌。学校举行阳光体育、艺术活动，提高学生的身体素质和文艺素养。学校以比赛促活动，以活动促教学，让师生在多彩活动中学会拼搏、懂得合作、获得快乐，进一步加强校园课外文体活动的丰富性。

体育强身是生命之本。传统的应试教育使学生、家长、学校都忽略了学生身体素质问题。在本该在阳光下奔跑的年纪，学生却整日端坐课堂，失去了生机和朝气。学校改变传统教育模式，把体育锻炼放到教育中的重要位置，着力培养学生良好的健身习惯，教会学生健身技能。这不仅增强了学生体质，还培养了学生团结、拼搏、竞争、进取精神，促进了学生身心健康发展。

学校在开足、开全体育课程的同时，开设了丰富多彩的大课间活动、阳光体育活动，引导学生积极参加体育锻炼。学校长期坚持以体育教学为基础，以加强训练为手段，以教师队伍建设为支撑，以组织管理为保障，科学推进教体结合工作深入持久开展。体育教研组根据课程设置与学生的兴趣爱好，制定体育课的教学计划、教学目标，让学生在体育教学与体育活动中，体验健康的珍贵、生命的价值，体验生命成长的快乐。体育课、阳光大课间、各项运动队使校园充满生机，乒乓球、足球、排球、篮球、网球、啦啦操等体育项目丰富多彩。

为丰富体育课内容，努力培养学生对体育的兴趣，促进全体学生积极主动地参加体育活动，养成体育锻炼的爱好和习惯，树立终身体育观，学校认真组织体育教学常规检查，全面实施《国家学生体质健康标准》，认真组织全体学生参加达标活动。此外，学校还深入开展阳光体育运动和体育竞赛，进一步加强学生体育社团建设，促进学生积极参与体育锻炼，形成浓郁的校园体育文化氛围。艺术尚美是灵魂之本。学校广泛开展各种才艺活动，坚持用艺术唤醒学生灵魂，鼓励学生在校期间积极参与各种社团活动，在各种才艺活动中培养学生审美情趣和能力，让学生在学习美育知识、参加美育实践中感受美、欣赏美，激发其尚美情操。学校近几年不断开展舞蹈、合唱、科技等丰富多彩的社团活动，鼓励学生结合自身兴趣积极参与，在玩中学、在学中玩。这些活动不仅促进了学生个性、特长的发展和潜能的挖掘，还提高了其综合素质，使学生德智体美劳全面发展。

第六节

"中和"管理思想影响下的学生劳动生活素质的培养

劳动之所以成就了人类，造就了文化，形成了传统，正是劳动"综合育人功能"的显现。从远古社会用歌咏唱出"断竹，续竹，飞土，逐宍"，到近世"耕读传家久，诗书继世长"的信条，再到新时代"大国工匠"的劳模，劳动从古至今备受讴歌和尊敬，就是因为它是一种充满创造和诗意的综合体。

习近平总书记在全国教育大会上强调，"要在学生中弘扬劳动精神，教育引导学生崇尚劳动、尊重劳动，懂得劳动最光荣、劳动最崇高、劳动最伟大、劳动最美丽的道理，长大后能够辛勤劳动、诚实劳动、创造性劳动。"劳动教育是学生成

图 6.1　交流学习会

人成才的基础，更是关系到学校立德树人根本任务的实现。2020年3月20日，《中共中央国务院关于全面加强新时代大中小学劳动教育的意见》出台，从充分认识新时代培养社会主义建设者和接班人对加强劳动教育的新要求、全面构建体现时代特征的劳动教育体系、广泛开展劳动教育实践活动、着力提升劳动教育支撑保障能力、切实加强劳动教育的组织实施等方面提出具体要求，以构建德智体美劳全面培养的教育体系。

对于学生而言，劳动能力是其全面发展的重要能力之一，也是其生活自理和将来从事某一职业、自食其力的重要基础。培养学生热爱劳动的态度并使学生掌握一定的劳动技能，是基础教育课程标准中的重要组成部分。南开教育自一开始就着力培养学生"爱国爱群之公德，与服务社会之能力"。

通过劳动，达到在劳力上劳心的效果，实现道德的提升、智慧的增长、体质的强健、美感的涵养，这是劳动教育的真正内涵。天津生态城南开小学开展内容丰富、形式多样的劳动教育，涵盖了众多领域，主要目的是让学生形成重视劳动、尊重劳动者、热爱劳动的观念，在亲身体验和学习劳动技能的过程中，树立正确的劳动意识。

一、坚持劳动教育就是素质教育

劳动教育是全面贯彻党的教育方针的基本要求，是实施素质教育的重要内容。习近平总书记在全国教育大会上的重要讲话强调，"要在学生中弘扬劳动精神，教育引导学生崇尚劳动、尊重劳动，懂得劳动最光荣、劳动最崇高、劳动最伟大、劳动最美丽的道理，长大后能够辛勤劳动、诚实劳动、创造性劳动。"高水平的人才培养需要构建德智体美劳全面培养的教育体系。可见，劳动教育就是素质教育。马克思指出，劳动是人的本质需要。无论体力劳动还是脑力劳动，都是劳动的类型，两者不存在价值上的优劣之分。在波澜壮阔的革命、建设、改革的各个时期，中国共产党一直高举"实践出真知"的大旗。

二、让劳动教育更接地气

（一）引导家长放手，还孩子劳动的机会——我是家务劳动小能手

为了让劳动教育落到实处，让学生明白作为家庭中的一员，应为家庭贡献力量，共同承担家务，成为名副其实的小主人，学校开展了"我是家务劳动小能手"活动。活动细化了劳动内容，提出个人自理劳动项目：盛饭、洗碗、擦桌子、扫地、倒垃圾、叠被子。有学生颇有感触地说："通过这次活动，我深深地感到了爸爸妈妈的辛劳，我已渐渐地长大，作为家庭的一名成员，我要承担一些力所能及的家务。做家务不仅可以培养我的动手能力，加强自理能力，还可以增进家庭成员之间的感情。"也有学生在连续叠了一周衣服后，感到虽然叠衣服只是一件小事，但要每天坚持也是不容易的。通过参与家务劳动，他体会到了父母的辛苦，他要尽己所能替父母分担一些事情。

（二）我们的劳动时光——每天全员劳动活动

为了留给孩子们一定的劳动时间，让所有学生都能参加学校劳动、充分享受劳动过程，学校提出了"每天全员劳动"活动。班主任根据学生的不同特点布置不同的劳动任务，合理安排，确保人人有事做，处处有人负责。在学生劳动过程中，老师们也会出现在劳动现场，对大家的劳动进行监督、指导，确保劳动按时按量完成。为了更好地培养学生的劳动技能，学校开展了学生劳动技能比赛，如低年级比赛在最短的时间内穿校服、戴红领巾、整理书包等，高年级比赛叠衣服、叠被子、穿鞋带等。学校通过组织班级、年级和校级"劳动技能小能手""值日明星"等评比，在活动中及时表扬爱劳动的学生，并注意在劳动课教学和实践活动中培养学生的责任意识、合作意识和助人为乐等品质，这些做法是值得推广的。

三、实践活动提升学生独立生存能力

学校坚持家庭、学校、社会协同育人的立体格局，由浅入深，循序渐进，扎实

有效地开展劳动教育，深化学生自主自强的意识，提高学生独立生存的能力。

学校充分利用各种节日，如劳动节、母亲节、父亲节、端午节等开展"大手帮小手，我为家人做服务"活动，要求学生帮助家人做力所能及的事情，如与母亲一起准备菜肴，与父亲一起整理房间，与爷爷一起管理菜地等。2020年新型冠状病毒肺炎疫情期间，学校组织"我与父母一起抗疫"主题活动，学生在线上进行了劳动成果展示，学校根据学生的劳动表现、劳动次数、劳动日记等评选"劳动小达人"，并进行表彰。

走进田间，享受劳动快乐，提高学生的劳动意识和劳动技巧。学校开辟劳动实践基地，组织学生到基地参加劳动。学生们在农业技师的教导下进行劳作，如为秧苗松土、浇水、施肥、采摘蔬菜等。学生们走进田间，细嗅泥土的芬芳，感受到了劳动的快乐，体味到了劳动果实的来之不易。

班级自主管理，人人有岗，岗岗有责，培养学生的竞争意识、沟通能力和合作精神。学校实行班级管理轮换制，学生依据自身特长及需求做电脑小管家、讲台维护员、窗帘保洁员、地面保洁卫士、图书管理员等近40个班级事务管理岗位。

图 6.2　快乐大课间

面对新时代、新格局、新要求，学校以劳动教育特色建设为主线，汇聚校内外各类劳动教育资源，完善教学模式，优化教师队伍，重构创新能力培育课程体系，助力学生创新赋能，让学生从小浸润劳动教育观念，让劳动成为一种习惯，开辟出一条切实有效的特色教育发展新路，真正地让劳动教育融入学生的日常生活。

第八章 开启『中和』管理思想影响下的家校联动模式

家庭是学生的第一所学校，家长是学生的第一任老师。学校教育不能关门办学。只有通过多种渠道的家校携手、互动，提升家长的素养和家教水平，才能为学生营造全面、健康、和谐的成长环境，确保所有的学生开心快乐地成长。家校一心，目标一致，学生成长和学校发展就有了持续不断的动力。天津生态城南开小学积极搭建家校互通合作平台，秉持“让每个孩子都成为最好的自己”的理念，邀请家长合力擎起家校共育的大旗，共同见证学生的进步与成长，家校携手，共同为学生未来发展助力、喝彩。

允公允能
日新月異

第一节

传承南开“内外并举”的合作育人思想

爱国是南开精神之魂。南开系列学校在成立之初定下“文以治国、理以强国、商以富国”的理念，提出要围绕国家需要兴学、办学。“想国家所想，急国家所急。想国家未想，急国家未急”就是本着“实事求是之精神”，企望解决国家教育“目前之急务”。因此，传承南开“内外并举”的合作育人思想具有重要意义。在全国教育工作会议上，习近平总书记指出：“办好教育事业，家庭、学校、政府、社会都有责任。”这意味着家庭要承担教育责任，家庭教育是党和国家关注、关心的公共议题。

一、家校合作的重要性

学生刚刚从家庭教育转入学校教育，开始接触到不同于以往的教育模式，他们会进入快速成长的人生阶段。学生刚进入学校时的学习习惯和素养品质，都是来自于此前家庭教育的培养。家长的言行和举止影响着学生的言谈和行为举止。因此，家长的言传身教是最直接、最有效的教育。学校教师是通过专业教育培训后，具有一定教学水平的教育践行者。家校合作在一定程度上能够把家庭教育和学校教育结合起来，以达到共同教育学生的目的。因此，在开展小学德育教学时，应将家庭教育和学校教育结合起来，充分发挥各自的优势。家校合作，家长可以及时地向学校反馈学生的具体情况，学校则可以指导家长配合学校教育。两者合作，加强沟通，不仅能为双方减轻压力，还能更有效地对学生进行品德教育。

二、家校合作下学生品德教育存在的问题

受传统教育观念的影响，家庭教育一直被忽视。许多教师和家长都错误地认为，家庭教育不算是真正的教育。还有一些教师错误地认为家庭教育并不能具体教会学生什么，而一旦学生在学校做错了事情，他们则认为是家庭教育不到位，责任应该由家长承担。同样，在具有错误认识的家长的视角里，孩子已到了上学的年纪，一切教育都应由学校接手，家长不应再负责，孩子丢给学校管就好了。这两种错误想法，容易使学生教育产生许多问题。具有错误认识的家校关系会使双方合作地位不平等，会对学生的个人发展带来负面影响，使学生的品德教育难以达到良好的成效。

三、基于家校合作的品德教育策略

为了实现学校教育与家庭教育的同频共振，保证学生健康地成长和发展，学校成立了家校协会、家长学校或开设家长课程，以促进家校之间的协作与交流。学校一直在思考并和家长一起努力，共同寻找家校共育的幸福密码。

（一）沟通改变认知

根据家校合作现状及出现的问题，家长和学校都需要改变对家校合作的认知。教师和家长都应该改变传统的教育思想，树立正确的家校合作教育观念。首先，教师和家长应该建立有效的沟通渠道。如建立家长微信群等，使教师和家长可以在群里及时进行沟通。其次，教师和家长应该通过沟通达成教育共识，共同加强学生的思想品德教育。最后，教师在教育教学中可以将德育融入思想品德课程，在课堂上提出一些有关德育方面的思考题，让学生回去和父母探讨并得出自己的结论。在布置这种思考题时，教师可以在家长群里提出相关的教学内容，让家长配合学校工作。家校沟通合作，能够使学生在学校和家庭中得到正确的引导，从而让他们树立正确的价值观。

（二）做好家庭教育工作

家长是孩子在接受正式教育前所能够接触并学习的对象，在孩子初期的教育中具有非常重要的作用，家长的价值观和人生观影响学生的思想和行为。在家庭生活中，学生具有非常强大的效仿能力，会模仿家长的行为动作、言谈举止以及更深的思想观念。因此，家庭教育意义重大。首先，家长要以身作则，规范自己的行为举止，在孩子面前树立一个榜样；其次，家长要积极地引导学生形成正确的思想理念，如不能用暴力去解决问题等；最后，家长教育孩子时应该循循善诱，尊重孩子的内心想法，引导孩子建立良好的德育观，树立正确的价值观。另外，家长在进行品德教育时，应该营造和谐温馨的家庭环境，让孩子更容易接受教育，从而促进孩子健康发展。

（三）加强学生品德教育

首先，教师要在相关的课程中渗透德育，如结合思想品德课程等。在小学思想品德课堂上，教师可以结合课本相关内容提出一些能够吸引学生思考的问题，让学生在不断思考中得出自己的结论。其次，教师要学会倾听学生的真实想法，要根据每个学生的不同心理特点把握教学程度。再次，当学生在校出现情况时，教师要及时地与家长沟通，共同应对。最后，对学生每个阶段的学习成果，教师应及时反馈给家长。家校合作中要构建相互之间的信任关系，特别是在品德教育中，双方更应互相信任，并将重点放在引导学生的发展上。另外，教师在学生犯错误之后，要引导学生去处理好问题，而不要生气和责怪他们。教师只有在尊重学生的前提下，才能为他们营造良好的学习环境，培养他们正确的价值观。

（四）促进多种形式的交流合作

现今，有的学校的家校交流还只停留在“开家长会”上。形式单一的交流沟通很容易让学生产生芥蒂。学生会认为学校和家长都是“敌人”，从而不配合他们的教育。因此，创建形式多样的家校交流合作活动，能够更贴近学生的内心。我们应该遵循“以人为本”的教育理念，开展各种家校交流活动。如学校可以组织家校合作的亲子春游，让家长带着孩子和教师一起互动交流，在互动、互评中达成共识，让学生、家长、学校三方更加融合，从而促进对学生品德教育的开展，培养孩子形成良好的思想品德。

在家校合作模式中，首先，学校要注意合作的公平。因为只有家长和学校互帮互助，才能有效培育学生正确的思想观念；其次，家长要做好家庭教育，让学生在良好的家庭环境下，树立正确的价值观；最后，教师要加强对学生的品德教育，要将品德教育渗透在思想品德课程中。同时，学校要加强与家长的沟通，在家校共同努力下，培养学生思想品德和综合素养。

四、家校活动剪影

明确家长在家庭教育中的主体责任，发挥学校在家庭教育中的指导作用，构建协同共育的教育体系，已成为时代要求。学校开展了一系列家校共育活动，使老师、家长和学生不断向着“最好的自己”迈进，实现了老师尽心、家长放心、学生开心的“三全其美”。

在天津生态城南开小学教育者心中，一个新时代的专业化教师除了要具备较高的教学教研能力以外，还应是一名智慧的教育者和管理者。为此，教师们在深钻细研学科教学的同时还身兼数职，积极学习相关知识，提升自己，提升指导家庭教育的理论水平和业务能力，用教师的“专”引领学生和家长成长，促进家校合力。

（一）开展家长会

为了加强学校与家庭，教师与家长间的密切联系，增进家长对学校工作的了解，创建家校携手的育人环境，开学前，学校召开了一年级新生暨四到六年级插班生的家长会。从南开校史、校风到教师独特的名称，每一项都凝聚着南开深厚的文化底蕴。每位教师都有一个独特的名称，即一味中草药的名称。育人是一个很漫长的过程，正所谓“十年树木，百年树人”，各科教师如多味药材，组合在一起，才能发挥更大的育人功效，进而让每一个孩子都成为最好的自己。

各班正副班主任将家长们带入班级，班主任介绍班级任课教师，各任课教师就学前准备、课程学习要求、家长如何配合辅导等问题与家长们进行了探讨。班主任就班级建设和班级愿景等方面跟家长们交流互动。

家长会不仅拉近了学校与家长之间的距离，还让家长对南开历史、南开文化、学校教育理念、师资队伍以及班级建设和愿景等有了更深的了解，这能更好地促进家长和教师共同为南开学子的未来保驾护航。学校不负众望，努力创办让人民满意的高品位优质基础教育学校。相信每名同学在这样风光旖旎、仁爱和谐的环境中一定能够扬帆起航、快乐成长。

（二）举办校园开放日

为了实现“家校互动，携手育人”的目标，学校本着开放办学的理念，在南开校区举办了课堂开放日系列活动。家长们亲自参与课堂学习，零距离了解班级氛围、班级建设情况、孩子们上课情况和大课间活动，全方位了解自己孩子在学校的学习生活。

课堂开放日活动既加深了家长对天津生态城南开小学办学理念、校园管理、教师教育教学质量的了解，又使他们感受到了学校百年历史沉淀孕育出的深厚校园文化，体会到学校可亲可敬的园丁们认真严谨的治学态度和对学生无微不至的细微关怀，更看到了自己的孩子入学以来在行为、学习习惯上的可喜变化。

（三）课题研究开放日

为进一步促进家校沟通，搭建家校合作的桥梁，天津生态城南开小学举办以“公能”教育为主线的课题研究开放日活动。家长们仔细聆听，认真记录，时刻关注着学生们课堂状态。通过一节课的观摩，家长对学校着力培养学生关键能力的教学实施有了直观感受。

大课间活动中，学生们展示了和着音乐招式、整齐划一的武术操，出拳、抬腿、收臂颇有气势，呼喊声中，尽显朝气与活力。折返跑、障碍接力紧张刺激，头顶沙包接力传递……

家长们纷纷走下看台参与进来，切身体验到学生们日日参与的课间活动，仿佛回到童年时光。

家长们观摩了以"十三五"教育科研规划课题《学生关键能力培养的行动研究》为指导的一年级常规课堂教学及活动，使家长们了解学生关键能力的培养体系，了解教师着力培养学生倾听他人、表达自我、勤于思考、大胆探索、敢于质疑的能力。

家校合作是教育现代化、民主化、个性化、科学化的必然要求。家校共育主要是建立家庭、学校多方教育主体的新型合作伙伴关系，拓展教育资源的条件，影响和改善家教、家风，加强和促进制度建设，促进和谐共生，实现家庭、学校的协调发展，父母、孩子、教师共同成长，实现幸福完整的教育。

第二节
构建家校合作的管理育人模式

“我们的人民热爱生活，期盼有更好的教育、更稳定的工作、更满意的收入……更优美的环境，期盼着孩子们能够成长更好、工作更好、生活更好，人民对美好生活的向往就是我们的奋斗目标。”在习近平总书记对美好生活的描绘中，教育被放在了首位。习近平总书记在全国教育大会上指出，家庭是人生的第一所学校，家长是孩子的第一任老师，要给孩子讲好“人生第一课”，帮助其扣好人生第一粒扣子。孩子的健康成长离不开教育，而真正的教育，绝不仅仅只是学校单方面的责任，更是家庭、学校、社会共同的责任，需要各方力量积极配合，相互沟通，形成合力。其中，尤其需要家庭教育与学校教育的紧密配合。

家庭教育与学校教育能否有效结合、共同促进人的发展，在教育活动中起着越来越关键的作用。教育是一个多方面、多层次的体系，它包括家庭教育、学校教育和社会教育。在人没有真正进入社会、参与社会活动之前，家庭教育和学校教育对人的影响和发展至关重要。因此推行家校共建，将家庭教育与学校教育有机结合，对促进学生更好地发展尤为重要。

一、构建“三结合”教育网络，建立多元参与的管理系统和运行机制

学校实行校长负责、党支部保证监督、“三结合”教育委员会协调、教代会民主管理的学校管理体制，形成了多元参与的良性循环管理机制和外部制约机制。“三结合”教育委员会由学校聘请社会各行业有关人士、先进模范人物、专家学者、社会单位、街道居民组织的代表以及校级家长委员会委员组成。“三结

合"教育委员会下设班、年级、校三级家长委员会，学校与家庭之间、家长与家长之间传递教育信息、交流教育经验，促进家庭教育水平的提高。为加强对相关工作的管理，学校制定了《家长学校评估细则》《家长学校授课管理制度》《家长学校考勤制度》《家长学校授课情况反馈制度》等，通过以上制度的落实，进一步加大了对家长学校管理工作的力度，保证了家长学校各项工作的落实。

二、家长学校教学有序，内容丰富，赋予其有特色的教育内容

为充分发挥家长学校教育优势及辐射作用，家长学校领导小组注重家长学校的教学管理工作，力求使其规范化，教学形式多样化，教学内容丰富多彩。

（一）举办专题讲座

在家长学校的授课中，校长亲自主讲"教育就要培养习惯"系列讲座，建议以家长和教师的优良品质和模范行为去影响孩子，通过家长和教师的言行，把思想和良好的道德具体化、人格化，使孩子在不知不觉中模仿，形成好思想、好品德。孩子所处的家庭环境各异，所受的社会影响不同，因而就有了各种不同的需要，其中有的需要是正当的，有的需要是不正当的，有的需要是低层次的，有的需要是高层次的。要使孩子正当的个人需要得到满足，并引导向高层次的需要发展；对一些不正当的需要，则不放任迁就，而是通过耐心教导，使之进入理想的轨道。学校聘请教育界的专家以及社会各界人士为家长学校的授课教师，为家长提供具有实效性的指导，为建立长期、有效的家校合作模式助力，间接促进了孩子们的健康成长。

（二）改革家长会

每学期每月定期召开家长会是学校联系学生家庭最普遍的一种形式。过去，家长会形式呆板、方法单一，具体而言存在"两多两少"：学校成绩讲得多，给家长提的要求多；让家长说得少，相互交流研究问题少。结果，家长会常常是老师的"一言堂"。学校对家长会进行了创新改革：一是转变观念。改变以学校或教师为主的说教式的传统家长会形式，以家长和学生为主角，加强交流与沟通。二是组织形式活泼、充实、生动。通过参观、讨论、汇报演出等多种形式，营

造和谐、友好、轻松的氛围，构筑交流的平台。三是拓展交流面，增强个性化、针对性。除关注学生成绩好坏，更关心学生成长中的其他问题，诸如品德、特长、潜质、倾向等。还可以针对不同的学生及家长，分层次召开家长会，以增强家长会的针对性、实效性。

学校每学年至少组织三次校级家长开放日活动。家长们走进校园，通过纪录片了解学校的习惯养成教育、资源平台、学校文化等，了解学校的校训、办学理念、办学特色等。这些活动为家长更好地配合学校工作，实现学生的自主发展奠定了坚实基础。学校邀请家长参与一年级发展新队员大会。家长们为孩子亲手戴上鲜艳的红领巾，见证孩子的成长，并给予孩子们深深的祝福。

（三）建立多种沟通渠道

学校利用周五家长接待日等方式，与家长有效沟通。家庭访问更是学校坚持并且受到学生和家长欢迎的教育形式。教师每学期都要对全班学生家长普访一次，对少数“特殊学生”还要根据具体情况经常家访。很多教师利用双休日或下班后的时间进行家访，这让家长非常感动。教师在家访中了解了学生的家庭情况以及在家中的表现，向家长介绍了学生在学校的优、缺点和学习成绩，还倾听了家长的反映和意见，并向家长介绍家庭教育知识，与家长共同研究教育学生的措施，使教育更加有的放矢。

三、发挥家长委员会作用，促进学生自主管理，强化学生责任意识

学校定期召集家长委员会成员对食堂工作进行调研，对饮用水、食品卫生、校服征订等工作进行意见征询，与家长对孩子学习、生活相关问题的意见达成一致。学校组织成立平安校园家长志愿者队伍，维护放学路队秩序。学校每年都评选“优秀家长”。

宜为桃李勤耕耘，春风拂过留芬芳。家校共育探索无止境，天津生态城南开小学将在健全学生成长跟踪制度、培养成长型家长、落实帮教结对等方面加大工作力度，使家校共育体系更科学、更完善、更符合教育规律和学生成长规律，为孩子们的健康成长和全面发展保驾护航。

第三节

重视实践基地的建设，做好学做融合

社会实践活动是课堂教学的延伸性活动，是进一步深化教育教学改革，全面落实立德树人、推进素质教育的一个重要体现。《国务院关于深化考试招生制度改革的实施意见》的颁布和《中国学生发展核心素养》的出台标志着我国素质教育进入了一个新时代。社会实践活动是学校育人的现实基点。把社会实践活动课程纳入学校课程体系之中，也是适时之举。开展丰富多彩的综合实践活动能涵养学生品格，提升学生道德素养，养成学生良好行为习惯，提高学生学习能力。

开展社会实践教育对于促进学生健康成长、提高人才培养质量具有不可替代的重要作用。天津生态城南开小学结合本校教育资源和教学实际，开展了一系列综合实践活动，充分发挥综合实践活动的育人作用，落实立德树人的根本任务。

一、走出来的实践活动

研学旅行是学校的一大亮点。学校将“行万里路”与“读万卷书”联合起来，调研而后实践，实践而后反思，充分考虑学生的个体差异，尊重学生的兴趣爱好和选择，力求使每名学生都能在行走中获得生活启迪，在行走中感悟人生奥秘。

学校带领学生走出去，用双脚体验生活。在研学旅行的过程中，加强学生的爱国主义情感，提高学生的爱国主义觉悟，从而增强学生的责任意识和担当精神。对于学生来说，研学之旅既是一次身体的锻炼，又是一场心灵的洗礼。

学校开设研学旅行校本课程，采取“模拟导游”模式，即由学生担当导游，带领同学游览景点，将同学带入景点环境之中，带入文化韵味之中。教师提前组织学生导游选择天津历史文化气息浓厚的典型旅游景点，指导学生导游全面了解各自选择景点的地理位置、历史、文化背景等，进而让学生独立设计旅行线路，制作旅行线路图，并准备导游词。与此同时，学校对学生进行安全、礼仪、法制等方面的教育，同时通过讲座、课堂教学、网站、板报等多种形式，就如何在旅行中学习对学生展开培训。一切准备工作完成后，学校统一协调时间组织研学旅行。实践证明：研学实践课堂评价的重点在于学生是否积极参加、亲历活动与实践，在于学生是否在活动中形成积极体验、获得真实感受并增强其社会责任感，而不在于学生增长了多少见闻，掌握了多少知识。

二、主题教育实践活动助力学生成长

“学校有特色、教师有专长、学生有特长”是学校的办学追求，而丰富多彩的主题教育实践活动则是学校建设特色学校的抓手。学校以系列主题教育实践活动为载体，不断加强学校精神文明建设，在主题实践活动的辐射下，各项工作均呈现出生机盎然的景象。

为了弘扬传统文化，让学生感受“与经典同行，与圣人为友”的幸福，学校开展了一系列传统文化主题教育实践活动。学校组织师生参与“传承千古文明，享受诗意人生”学国学、诵经典文艺汇演等。通过这些活动，净化学生的心灵，提升学生的道德修养，不断培养学生向善向上的正义感和进取心。

学校开展主题教育实践活动，带领师生走出校园，体验生活。如在“学雷锋志愿行”实践活动期间，学校组织师生清理垃圾，培养学生的公德意识；在植树节期间，组织学校志愿者服务队义务植树，磨炼学生的意志，让学生体验劳动的充实与快乐。学校还开展了以感恩、自我管理、习惯养成为主题的教育实践活动，效果喜人，成果丰硕。

三、拓展社会实践网络教育体系，促进学生蓬勃发展

爱心驿站是学校精心打造的融劳动教育、感恩教育、社会实践活动于一体的特色活动点，目前已形成网络体系，包括：校级爱心驿站（校园文明岗、校园监督岗、校园劳动岗）；班级爱心驿站（班级文明岗、班级监督岗、班级劳动岗）；社区爱心驿站（社区爱心岗、社区服务岗）；家庭爱心驿站（家庭劳动岗、家庭孝亲岗）。爱心驿站还结合实践课堂教育，扎实落实劳动体验的志愿服务活动，鼓励学生积极参与家务劳动及社区志愿服务岗活动，如社区大清整、交通志愿护导等。

对学生而言，最佳的教育资源应该离学生最近。为了能让学生感受到校内处处是课堂、时时能实践，学校对校园文化设施进行了精心设计。一座雕塑、一句名言、一种花草、一个符号，每一个事物都能够承载本校的核心文化，基于此，学校建设了校级实践课堂，内容涉及安全、环保、法制、民族、民俗、社会主义核心价值观等，丰富学生教育资源，形成社会实践教育课程体系。学校将校内植物、操场体育墙、"一训三风"等内容编制成实践性活动课程，使活动向纵深发展，促进学生综合素质的持续发展。

学校始终以立德树人为根本任务，引导学生"系好人生第一粒扣子"。学校打造好"开学首日礼""十大主题月"等品牌活动，健全学生思想道德建设长效机制，以培育践行社会主义核心价值观为内容，不断加强对学生思想道德建设工作的探索和研究，把实践课堂活动的组织纳入教育教学工作计划之中，加强学生实践课堂活动的针对性和实效性。

第四节

用“中和”管理思想确立开门办学的策略

陶行知先生说:“生活即教育,社会即学校。”敞开校门办教育,教育才能办得更好。开门办学是学校发展的生存法则,是教育发展的必然要求。现代学校治理的核心思想应是开放,开放办学才能让学校充满生机活力并不断提升核心竞争力。推进教育治理体系、治理能力现代化,强调管办评分离,也应追求管办评合力,大力构建学校主体、行政推动、社会参与的新型办学关系。天津生态城南开小学把开门办学作为重要抓手,走出教室、走出校门,积极开发、充分整合、科学利用各种资源,在办学过程中的每一个环节,都要最大限度地拓宽视野,打开思路,努力寻找学校发展新方向。

一、开门办学的优势

学校教育的发展受环境资源、资金设施、专业师资等多种因素的制约,要加快发展,必须集聚各方力量,借梯登高。现阶段,社会对教育的需求呈现出多层次、多样化的趋势,但教育资源的供给总量和结构与社会需求还存在一定的距离,教育与社会对教育的多样化需求还有一定距离。满足百姓教育需求,办好人民满意教育,必须高扬改革主旋律,敞开胸怀,让学校教育更紧密地融入经济社会发展。

一个开放的体系才是一个富有活力的体系,开放办学就是要打开学校的“门”,推倒学校的“墙”,吸引更多资源参与学校治理,为学生成长提供更为真实的环境,促进教育优质、均衡、和谐发展。开门办学最大的特点就在于它的开放性和全面发展性：教学内容不拘于教材，不拘于书本，生活中可学、应学的东西无一不可以成为教学的内容；注重学用结合，教学内容注重从实际出发，从需要出发，反对大而无当，反对华而不实；课堂崇尚民主，能者为师；敢于突破传统，敢于否定权威；教学方式灵活多样，学习不一定只在教室，其他地方也可以成为课堂，考试不一定只用纸笔，在实际操作中动手、动口、动脑更是一种能力水平的综合测试。这种生动、新鲜、活泼、多样的教学，正是教育自身规律的本质体现。

二、坚持开门办学的正确方向

学校举行校园开放周活动，家长和孩子们一起进入课堂，当起了“旁听生”。校园开放周第一天，家长深入课堂，积极听课，到校率达90%以上。课堂上，孩子们与老师互动，共同学习数学，家长亲眼看见孩子的课堂表现后都很高兴，进一步了解了孩子在校学习的情况后，家长都表示以后这样的开放活动自己要多参加。学校设置了“校长邮箱”，家长在听课过程中对学校及老师有任何建议都可以直接发到“校长邮箱”，学校会积极采纳。学校把家长请进来，搭建了与家长联系沟通的平台，让家长瞧一瞧、听一听、说一说，了解学校的教育教学管理的要求和情况，积极参与到对孩子的教育中，共同探讨教育孩子的方法。

在学校教育中，学生家长的作用在逐渐放大。有些家长受聘成为学生社团指导教师，如知名书法家走进校园为学生讲书法。一位家长说道：“非常高兴学校能够如此注重与家长之间的互动与沟通。”在向家长开放的同时，学校也开放了社会资源进校的入口。

实践表明，学校通过开放办学，构建学校主体、行政推动、社会参与的新型办学体制，必将释放学校的办学活力，满足人民群众对于更好教育的期待。

第九章 用“中和”管理思想建设学校国际化品牌

随着全球经济一体化时代的到来，地球变得越来越“小”，实施具有国际视野的教育革新迫在眉睫。结合自身优势和教育发展趋势，天津生态城南开小学以国际理解教育作为学校发展的突破口。学校着力培养具有国际视野的学生，通过加强学生参与国际间文化交流的体验，使其增进对多样文化的理解与包容，弘扬中华民族文化，进而形成文化自信。学校为学生塑造开放包容的心理基础，鼓励学生积极学习其他地区文化优势，实现民族文化振兴。学校努力激发学生对未来地区间合作的使命和责任感，使其关注人类命运共同体的形成。

允公允能
日新月異

第一节

传承南开“公能”精神，解读其中蕴含的国际理解教育的意义

“允公”，是“大公”，而不是“小公”，唯其允公，才能高瞻远瞩，正己教人，发扬爱国思想。“允能”，是要做到最能，要建设现代化国家，要有现代化的科学才能。“日新月异”，是指每个人不但要能接受新事物，而且要能成为新事物的创造者；不但要能赶上新时代，而且要走在时代的前列。学校实施特色“公能”素质教育，以课堂教学、校园文化、社会实践“三位一体”的育人模式为载体，把校训所体现的社会主义核心价值观渗透到全员、全方位、全过程的育人实践中。南开的办学精神向社会敞开了大门。“改善国内教育气象”——开了教育风气之先，直接为社会服务——“为社会谋进步，为公共谋幸福”。南开学子怀揣淑世为公的情怀，把事业发展与实现人生价值结合起来，把个人进步与国家命运结合起来，投身于新时代爱国、报国的实践中。

一、国际理解教育的意义

（一）弘扬民族精神

民族精神是一个民族生存的基石，我们既要学会与别人共存，又要学会向别人学习，学习其他民族文化的有益成分。

（二）全球的胸怀与视野

这要求学生具备足够开阔的视野，能够把握人类历史发展的基本趋势和特征；要求学生以博大的胸怀、理性的科学态度认识人类文明的优秀成果，认识世

界历史的一体化和多样化，认识我国和世界的互动关系，尊重、理解世界各国、各地区在经济、文化、政治上的差异，尊重其他族群及其历史文化；要求学生立足于我国的历史文化传统，立足于中华民族的伟大复兴，具有参与世界竞争的意识和能力，具有为把我国建设成富强、民主、文明、和谐的社会主义现代化强国和为世界和平、发展与人类进步事业做出贡献的历史责任感。

（三）理解世界各国相互依存的关系

当前人类面临一系列有待解决的全球性难题，忽视国家彼此之间的依存关系，任何国家要想单凭自身的力量解决这些问题，是根本不可能的。面对经济全球化，肩负我国现代化重任的年轻一代，必须站在全球的大背景中充分理解各国相互依存的关系。

（四）对和平、人权、开发、环境等重大国际问题的观点与态度

年轻一代应自觉地观察、了解和把握世界上各种热点问题的发展态势以及其可能对我国政治、经济、文化产生的影响，在世界变化中审时度势，积极迎接挑战，从而为实现中华民族的伟大复兴而努力奋斗。

（五）国际沟通与交往的实践能力

年轻一代应具备和提高适应国际交往和竞争的能力：外语应用能力，学生不仅要学好外语，更要用好外语，努力提高外语的听、说、读、写等实用能力；跨文化沟通能力，不同民族有不同的文化，我们需要了解和理解对方的文化；信息处理能力，知识经济的基本特点是越来越多的人与信息打交道，处理信息是基本能力；创新能力，要在激烈的竞争中求得生存，必须不断地创新；良好的心理素质，面对激烈的竞争，要学会自我调节，善于寻找他人的支持。

二、研究国际理解教育，探索推进素质教育的策略

国际理解教育是指世界各国在国际社会组织的倡导下，以"国际理解"为教育理念而开展的教育活动，其目的是增进不同文化背景的、不同种族的、不同宗教信仰的和不同区域、国家、地区的人们之间相互了解和相互宽容；加强他们之

间的相互合作，以便共同认识和处理全球社会存在的重大共同问题；促使每个人都能够通过进一步认识世界来了解自己和了解他人，将事实上的相互依赖变成有意识的团结互助。小学是学生学习非常关键的阶段，因此在课堂教学中实施国际理解教育，无论在知识、技能，还是在情感态度培养上都具有其他学科教育所不及的优势。这既是落实《国家中长期教育改革和发展规划纲要（2010—2020年）》的具体要求，也是更好地培养学生跨文化交际意识和交际能力的重要途径。

三、提升教师语言能力，为国际理解教育提供保障

国际理解教育离不开地道的语言知识与语言能力，教师的教育思想和对语言的驾驭能力直接影响国际理解教育的水平，但很多教师并没有意识到这一点。为此，教师要不断提高自己的语言水平和文化修养，提升对本民族文化的认知，增强对异域文化的理解。语言能力和跨文化意识是相辅相成的，人们语言的表现能力受社会文化的制约和影响，文化意识是语言交际的思维基础。如果只注意语言形式，不注意其内涵，就不可能真正掌握这种语言，更谈不上具有语言能力了。教师本身要重视自身语言能力的提高，不断提升自己的专业知识水平，这样才能更好地开展国际理解教育。

教师自身素质越高，语言能力越强，用英语组织教学时就越能发挥自如，这对学生的语言能力也是一种潜移默化的影响和熏陶。在课堂教学中教师要充分认识自己所扮演的"多元化"的角色，积极与学生互动，让他们感到教师的和蔼可亲，使他们产生积极的学习情绪，形成良好的心境。增加学生安全感，减少焦虑，充分调动他们习得语言的积极性，这些方面都是开展国际理解教育的有力保障，但能否做到均取决于教师自身修养和主观能动性发挥的程度。

四、关注显性文化差异，为国际理解教育奠定基础

在目前的小学课堂教学中，许多教师虽然会开展一些活动，但依然过分关

注学生对语言知识的学习，忽视对学生跨文化交际意识的培养，这影响国际理解教育的深入开展。有的教师认为，在教学中，学生能理解并记住教师讲的语言点，对一些语言材料，能听懂、能读、会认、书面表达正确就可以了，无须了解相关的文化背景知识；还有的教师认为课堂上给学生输入这些信息，会干扰学生语言学习的情绪，担心学生"借题发挥"，课堂纪律难以控制，从而影响知识的落实。

然而，不掌握文化背景知识，就不可能教学生学好语言，语言是文化的一部分。因此，不懂得文化的模式和准则，就不可能真正学到语言。无论教师还是学生都要充分认识文化背景知识的重要性。语言本身的作用是为了交际，语言教学的目的是要教会学生使用语言去自由交流。"自由"的前提是对文化差异的了解和尊重，如西方国家将在公众场合大声说话视为没有教养的表现。语言和文化相互依存，文化以语言为载体，同时语言又含有丰富的文化内涵。教师应看清课堂中影响学生语言交际能力发展的因素，深入了解并传递语言文化背景知识，这样"理解"就容易产生，课堂教学必然会出现"柳暗花明又一村"的美好前景。

五、创设真实语言情境，为国际理解教育搭设平台

学生学习英语缺乏真实的语言环境，这为语言的自然习得和真实运用带来不小的麻烦。教师应充分利用课堂教学，设计丰富多彩的活动，努力为学生创设学习英语的情境，提高学生学习英语的积极性，为国际理解教育搭设平台。

培养学生的语言听说能力是英语教学的关键，也是实施国际理解教育的关键。在英语课上，教师要加强听说能力训练，不断创设各种情境，让学生有充分听说英语的时间和机会。如教师在课上用英语组织教学，同时用表情、手、臂、脚的动作，以及身边所有可用的事物来帮助学生理解教师所说的内容并了解教师的意图。教师应将以往学生学到的语言知识不断进行整合，学生的语言知识有了一定的积累，才能为增强国际理解教育做好充分的准备。如在学习先锋英

语“3A UNIT2 How much?”一单元时，为了让学生更好地认读11—20的数字，教师设计了“比目力”的游戏，课前制作了一张仿真视力表，创设一个真实的情境，让学生运用所学英文数字来比试谁的视力好。这样的游戏既活跃了课堂气氛，又巩固了学生所学的内容。因此，当游戏内容紧密结合教学内容时，一方面能提高教学效率，另一方面又能使学生体验用英语做事情的过程。

另外，在传授新知识并对此进行练习时，创造一个良好的心理与认识环境，引发学生对学习的兴趣，启动学生思维活动，激励学生尝试体验语言也很重要。教学活动依据教材各种话题展开，如在导入新课时，教师要开动脑筋、创设情境，使学生不知不觉地进入新知识领域，积极参与运用新语言进行交际的活动，如在学习身体各部位名称的单词时，教师可以请几个学生到同学面前，让他们做“Touching Game（触摸）”的游戏，规则是以小组为单位进行积分，动作既快又准确的，下面的同学拍手说“Yes（正确）”，该同学所在小组得2分，动作缓慢且有失误的，下面的同学就耸肩说“Sorry（抱歉）”，该同学所在小组减2分，随后教师将活动更换为另一种方式，叫作“In the mirror（照镜子）”，教师请一名学生边做动作边说“Touch your nose（摸摸你的鼻子）”等句子，让全班同学将这名学生看成镜子，做出相对应的动作，并说出相对应的句子。哪组动作正确、整齐得2分，反之减2分。这样学生很容易掌握并巩固了这些词汇，而且调动了全体学生参与的积极性。因此，各种情境的创设，有利于拓展学生的国际视野，同时为国际理解教育搭设了平台。

六、探寻隐性文化内涵，为国际理解教育注入活力

世界上不同国家、不同民族之间存在着巨大的文化差异，因此教师应该清醒认识到，了解不同国家、民族之间的文化差异在跨文化交际过程中是必不可少的一环。很多事例证明，文化误解比语言误解可怕得多。现在使用的英语教材中缺乏文化背景知识的内容，一些教师在备课时恰恰也遗漏了这方面，致使学生学到的只是语言知识，文化理解与交融则显得苍白无力。

作为英语教师，一定要在学生学习英语的起始阶段教会学生从文化的角度理解英语、学习英语，注重培养学生的跨文化意识。教师要把握好教材这一重要的教学资源，挖掘其文化内涵，结合教学内容将英语国家的风土人情、传统习俗、主要节日的庆祝方式等文化知识适时介绍给学生，拓宽学生的视野，使其学会接纳、学会融人，能够关心和尊重不同文化形态和各民族的风俗习惯。如教材中出现英语国家中重要的节假日，像圣诞节、万圣节、复活节、感恩节等，教师在教学中应该让学生了解英语国家的文化习惯，这样学生才能根据所在的场合和所面对的不同人进行自如的交际。像学习询问年龄的句型时，应将尊重个人隐私的意识传递给学生，毕竟追问英语国家女士们的年龄是非常不礼貌的。当学习就餐的话题时，一定对学生进行必要的点播：中国人素有热情、谦让、客气的美德，但与西方人共同进餐时，作为主人，在周到照顾客人之时，要注意对方的感受，当别人说"No，thanks（不，谢谢）"之后，不能再强行劝让对方吃什么了，如若不然的话是很无理的。当学生了解了这些文化内涵后，跨文化交际的意识增强了，就能够在各种场合中得体运用语言，国际理解教育也会因此而充满活力。

当然，在英语中有很多语言知识的文化内涵是难以在短时间内讲清楚的，有的语言知识并没有明确的文化根据，教师不必深究，这些都是很正常的。但教师在教学中一定要教会学生"入乡随俗"，这是培养跨文化意识，增强国际理解教育的关键。

随着各项办学指标的推进，学校需要加快推进国际化，把自身发展置于世界教育发展的格局之中，努力培养以德为先、能力为重、全面发展、勇于创新的世界一流人才。南开精神正在面临着一个新的起点，面临着前所未有的机遇和挑战，这需要学子共同努力，发挥南开学子的独特优势，增进合作与交流，助推学校新一轮的改革发展，谋划实现南开精神新百年的奋斗蓝图。天津生态城南开小学目前旨在帮助南开学子体验多元文化，树立世界眼光，增强自身的国际竞争力，拓宽国际视野，把学校逐步打造成学生交流的重要平台。

在课堂教学中开展国际理解教育，其实也是为了培养学生在对本民族主体文化认同的基础上，了解并尊重其他国家、民族、地区文化的基本精神及风俗习惯，学习、掌握与不同国家、民族、地区人民平等交往、和睦相处的修养与技能，增进对不同宗教信仰和文化背景的相互理解与宽容。开展国际理解教育能够让学生了解相关的文化内涵，认识语言现象产生的背景和运用条件，感受、体验、理解不同地域的差异，在学习与交往的过程中，做到语言知识与文化意识的结合，情感、态度与文化的融合，语言学习与运用的结合，使学生在学习的过程中实现民族文化与世界文明的理解与融合，为文化创新奠定基础。

第二节

"中和"管理思想的世界眼光和现代思维

随着全球经济一体化时代的到来，我们的地球变得越来越"小"，各个国家、地区之间的文化交流与碰撞频率逐渐升高，这对每一个人的生活理念与生活方式都产生了深刻的影响，教育界也不例外，不同国家和地区的各民族之间人与人的交流日益密切，实施国际理解教育视野下的教育革新迫在眉睫。每一个地球居民都具有国际意识、都应形成良好的国际理解态度，这是国际理解教育的目标。

《国家中长期教育改革和发展规划纲要（2010—2020年）》强调要加强学生的国际理解教育，推动跨文化交流，增进中国学生对不同国家和不同文化的认识和理解。同时，中国还积极开办孔子学院，促进中外教育文化的交流、交融，

图 9.1　感恩父母

增进中国人民与世界各国人民的了解和友谊。可持续发展是中国政府的基本战略，也是中国教育改革发展秉持的重要理念。

教育是精神唤醒、潜能显发、内心敞亮、主体弘扬、个性彰显与灵魂感召。教师应具备多元文化教育素养，学校要采用知识管理建构新文化。使命引领发展，国将降大任于斯校也，必先赋予其使命，砥砺其精神。中华人民共和国成立后，国际交流与合作日益频繁，外语人才的重要性越来越凸显。在经济全球化的新形势下，教育最核心的价值不仅仅局限于使人具有丰富的知识，更重要的是培养学生高尚的思想道德情感，培养学生的国际意识和全球视野，引导学生成为“大气之才”。如此，他们在国际舞台上才具有适应力、发展力和竞争力，从而能够真正成为走向世界、走向未来的中国人。

天津生态城南开小学形成了“以世界眼光办现代学校，面向未来培育世界英才”的发展战略。“世界眼光”是前瞻的眼光、开放的眼光、联系的眼光、改革的眼光和进取的眼光。用“世界眼光”办教育，就是要从系统的整体性、战略性思维来观察和认识事物，从国际国内大局来认识和处理各种问题，全面推进教育事业的发展。“现代学校”是与时俱进的学校，是能适应社会发展新形势的学校，是能按时代要求培养大量优秀人才的学校，是能全面、协调、可持续发展的学校，是符合科学发展观要求的学校。“面向未来”的“世界英才”是具有中国灵魂、世界眼光的国际性人才，是外语水平高、人文与科学知识渊博、综合素质优秀的复合合型人才，是实践领导能力突出、发展潜能巨大的创新型人才，是天津生态城南开小学始终致力于培养的“具有高尚品质的文明人、具有厚博知识的现代人、具有国际视野的中国人”。

南开精神有百年历史，浓缩了中华民族的气节与担当，承载了中国学子的初心与梦想，映照着中国从积贫积弱走向富强兴盛的沧桑与辉煌。百年来，南开精神始终将爱国情怀书写在扎根人民、报效国家的担当实践中。为更好地服务国家发展，南开人积极调整学科布局，加强原始创新和自主创新，勇攀世界科技高峰。近年来，南开精神既吸收世界上先进的办学治学经验，更扎根中国大地办学，聚焦国家战略需求和世界学术前沿，加快内涵式、高质量发展。党的十九大以来，南开人深入研究、阐释习近平新时代中国特色社会主义思想，主动服务京津冀协同、"一带一路"、自贸区等国家建设。面向新百年，一张新的宏伟蓝图已经绘就。

积极的理念通过耳濡目染，构成了浓郁的学校文化氛围，逐渐渗透到师生心灵的深处，最终使师生在价值观念和精神追求上取得认同，从而形成了学校的优良校风。天津生态城南开小学的育人思想真正体现了全面实施素质教育的要求，体现了基础教育为学生的终身发展奠基的精神……这不仅超越了应试教育的浮躁和短视，而且顺应了现代教育改革和社会发展的潮流。办学思想的确定，使学校获得了平稳、持久、健康的发展动力。

特色成就辉煌教育的本质是师生在平等基础上情智互动、共同成长，学校坚持"以人为本、中西兼容、彰显个性"的教育信条，坚持为学生的终身发展奠基，始终坚持走特色办学、内涵发展道路，确立了"外语优势、文理兼重、多元文化、国际发展"的办学特色，以学校外语及文科传统优势为切入点，带动理科均衡发展，摈弃教育内容同质化、人才培养模式单一化格局，建构多元化的发展空间，在基础教育领域闯出了一片天地，树立了一块品牌。

一、开设国际理解教育课程

国际理解教育课程是依据培养目标而设计的，是实现教育目标的主要途径。一是开设专门的国际理解教育课程，帮助学生对国际知识进行深度把握，进而提升国际理解能力。学校开设教育内容相对宽泛的课程，也开设专业范围相对精细的课程，这主要是基于加强国际意识教育，引导学生学会共处、学会合作、学会理解。学校还开设世界历史、世界地理、国际经济、国际政治、环境科学等课程，使学生全面了解整个世界发展的历史进程，准确把握历史发展的脉搏和动向。二是开设符合当今时代发展最新要求、反映时代发展最新主题的国际理解教育专题讲座，提高学生的批判能力，拓宽学生的国际视野。讲座内容的选择应针对当今国际社会发展的热点、难点问题。三是开设多语言课程。将学习多语言课程视为一种了解、理解他国文化和生活方式的有效途径，加深学生对国外文化的了解，提高学生获取国际信息的能力，促进他们理解他国文化、融入国际社会。

二、在学科教学中渗透国际理解教育

学科教学是对学生进行国际理解教育的基本途径。在学科教学过程中，教师应充分挖掘课程中关于国际理解教育内容，尽力渗透国际理解教育理念。一是创新教学模式。教学模式要以国际理解教育理念为向导，坚持育人为本，尊重学生的主体地位，着力培养学生的批判性思维。要从传授知识型教学向开发智能型教学转变，从固态封闭型教学向动态开放型教学转变，从教师主导型教学向学生主学型教学转变，从培养单一型专才向培养综合型通才转变，从灌输式教学向启发式教学转变，从统一培养向因材施教转变。教师根据教学内容、教学条件、专业特点等因素，选用讨论教学、发现教学、情景教学、探究教学、案例教学等教学模式。二是调整课程结构。课程内容应注重各科目之间的统一性，加强与社会的联系，注入为学生将来参与国际竞争与合作做准备的元素。课程方法宜强调对学习方法和思维方法的训练，而非知识的灌输。课程设计应由学科专家、任课教师、有关国际知名人士以及学生代表共同参与。课程安排应增加选择的弹性，方便学生学习。

三、增强学生的跨国体验

跨国体验过程是掌握理论、强化应用、拓展知识、锤炼能力的过程。学生走出国门感受异域文化，能够了解、理解、尊重异国文化，促进学生对国际理解价值观的自我建构和内化。

四、培育校园多元文化

校园多元文化是开展国际理解教育的土壤。一是发挥校园环境作为潜在课程的德育功能,打造高品位的多元文化和谐共存的人文校园、文明校园、生态校园,不断满足师生对国际理解教育的需求。二是把培养中外学生的跨文化交流能力作为培育校园多元文化的切入点,广泛接触来自不同文化、背景的同学,学会在多元文化环境中生存。如组织中外学生共同参与文化交流活动,规范和引导中外学生互助学习,领略真正的异国文化。

回顾学校的发展历程,总是能够发现一些不变的东西贯穿于学校发展历程的始终,那就是始终以极其大气的胸怀进行思考和实践,以极其大气的胸怀关注民族和民生。这种大气的胸怀,已经固化在了学校的历史和校园之中,在全球化的今天,其激励着学校与时俱进,不断更新教育理念,以世界眼光办现代学校,为国家培育更多具有中国灵魂、世界眼光的世纪英才。

第三节

“中和”管理思想指导下的学校品牌建设

当今世界，教育国际化的概念日益丰满起来。每一个人是一个圆心，教育就是半径，半径越长，人拥有的世界就越广阔。国际化教育之中，学校的建设需要建立起自己的品牌，在全球化发展的今天，学校想要建立起属于自己的品牌，要保持对于中华文化的坚守，要保持对于自己文化根源的坚持。因此在全球化发展的大背景下，天津生态城南开小学为了塑造良好的世界文化品牌形象，在坚守自身文化上做出了不懈的努力。

推动教育国际化，就是拉长教育半径的重要的途径。教育国际化是经济全球化发展的客观要求，也是我国现代化建设的必然选择。《国家中长期教育改革和发展规划纲要（2010—2020年）》中明确提出了提高我国教育国际化水平的目标。正是在这样的背景下，教育越来越开放，在基础教育实践中，学校应该思考如何来认识教育国际化，如何认识国际理解教育，如何让学生建立正确的价值观，建立起自己对本民族的文化理解，培养充分的文化自觉和文化自信，具有全球视野，成为能够尊重多元文化的公民。

国际理解教育的主要内涵是：培养在国家和世界范围内的团结、公正和宽容的感情；发展非暴力解决问题的能力，培养学生思想中的内在和平观，形成牢固的同情、分忧和相互关心的品质；培养尊重自由和平等的态度，意识到个人的职责同公民的义务相联系，与他人一起寻求解决问题的途径，以建设一个公正、和平、民主的社会。其目的是增进不同文化背景，不同种族，不同宗教信仰和不同的区域、国家、地区之间的相互理解和相互宽容，加强他们之间的合作，以便共同认识和处理全球社会存在的重大共同问题。国际理解教育在本质上是一个跨文化教育的范畴,是一种跨文化理解教育。它不是一种简单的对文化差异的理解和尊重,而是一个完整的教育过程,包括知、情、意、行等各个方面。

首先,学生应该了解自文化和他文化的异同,通过各种各样的学习来增加有关知识和信息;其次要促成情感的转变和价值观的树立,学会平等对待不同的文化;最后,将这些知识和情感付诸实践。而在基础教育中,应怎样认识国际理解教育?国际理解教育首先应该是有"根"的教育。在教育国际化的背景下,立足本土,立足传统,深扎"中国根",方能放眼世界。所以,学校以民族文化、传统文化润养童年。文化育人,也就成为天津生态城南开小学办学的宗旨。"只有民族的,才是世界的。"

早在民国时期,孙中山先生就提出了加强民族文化教育的理论。胡锦涛同志也指出,要把中华传统文化的发扬当作和谐发展的强大动力,坚持古为今用、推陈出新,大力发扬中华文化的优秀传统,大力弘扬中华民族的伟大精神,使中华民族的优秀文化成为新的历史条件下鼓舞我国各族人民不断前进的精神力量。天津生态城南开小学的培养目标是:为培养具有中国灵魂的世界公民奠定基础。教育应该先让孩子们心中有中国根,深深地扎下中国根,培育中国灵魂,这样才能有国际理解教育的基础,才可以谈及国际视野的培养。

教育的国际交流,国际理解教育的实施,是可以双方共赢的。在清醒的自我觉察基础之上,坚守自己的长处,取长补短,应该是我们和国外教育者的共识。小学教育应更加注重培养孩子们获取信息的能力,分析鉴别的能力,国际交流的能力,以适应国际间的合作与竞争。随着教育国际化的发展,跨文化学习已成为教育的重要组成部分,校园即世界。而在基础教育国际化进程中,应该从西方汲取人才培养的先进经验,改进我们的教育;在国际理解教育中,要为培养具有中国灵魂的世界公民奠定基础,为培养具有创新能力的人才奠定基础。

百年南开精神始终坚守着一份"初心"——中国优秀知识分子、南开学子的家国情怀不变、“允公允能”的卓越品质不变、“经世致用”的联系实际的治学之道、学习方向不变。回眸百年，南开精神为国家培育了成千上万的栋梁之材。南开精神始终与国家民族同呼吸、共命运，始终坚守着炽热的初心与梦想，始终在不懈的探索中书写辉煌的历史篇章。

国际理解不仅仅局限于书本上和课堂中，丰富的活动体系，让学生亲身体验，感受不同文化的碰撞应该是国际理解教育的重要内容。学校通过丰富的科学、艺术、人文、社会类的社团活动，让学生接触当下世界最前沿的学术成果和思想主张，从而培养独立思考、团队合作、包容理解的能力，而这些能力恰恰是成为国际公民所必需的。天津生态城南开小学坚守自身优秀传统文化，传承南开“公能”教育精神，在教书育人过程之中，在国际化视野与自身文化建设之间做出了良好的平衡，塑造了属于学校的品牌。

第四节

增进对国际文化的认知，担负新时代伟大复兴使命

经济全球化不仅推动着世界政治、文化、科技等领域的国际化，也使教育国际化成为必然。当今世界，国与国的交往愈来愈密切，不同文化背景、不同种族、不同宗教信仰和不同国家、地区的人们之间的交流与合作，需要尊重和包容。开展国际理解教育，培养具有全球意识、跨文化交际能力的人才，乃教育国际化的核心所在。小荷初绽明志远，异国追梦笃学深。天津生态城南开小学立足校情，对如何开展国际理解教育进行了探索研究和大胆实践，取得了宝贵经验和可喜成效。

一、师生代表赴新加坡、马来西亚开展研学活动

为培养学生国际化视野、开阔学生眼界，同时提升其语言能力、交流能力，在学习中体验异国文化，在游览中感受名校魅力，将中国文化带出国门。天津生态城南开小学于2018年7月组织四、五、六年级师生代表赴新加坡、马来西亚研学旅行。

在"花园城市"新加坡，大家第一站来到了世界顶尖大学——新加坡国立大学，由奖学金得主的"学霸"师姐带领大家参观校园、了解新加坡的历史：多元种族、多元文化、国歌、国花等，大家看到大学生活的美好，眼中充满了向往。随后在新加坡国立大学，南小一行开展了"刻苦勤学，立志成才"交流分享会。孩子们踊跃发言，畅谈未来，宽阔的视野、博大的胸怀，南小学子的落落大方让

新加坡国立大学的教师和学生发出由衷赞叹。

在东南亚最壮观的“鸟类天堂”——裕廊飞禽公园和全球首家开放式动物栖息地——新加坡日间动物园，怀着一颗好奇心，孩子们主动开口去询问、了解、认识这些动物，这极大地开拓了孩子们的视野，在沟通中增强了南小学子与人交流的能力，更让他们有机会将语言应用到实际生活中。在小商品城“小印度”，南小一行看到各式各样的蔬菜，学习如何融入当地生活；在唐人街——牛车水，感受新加坡老街的风韵；在新生水厂，体验科技的强大和魅力；在圣淘沙的环球影城，感受世界级的游乐氛围。

组装飞机，放飞希望，在“科创添智慧，放飞展风采”科技体育活动中，南小学子积极思考，热烈讨论，互相帮助，收获了满满的成功和喜悦。大家品尝东南亚有名的“肉骨茶”，感受地道的东南亚美食；观看水幕电影《时光之翼》，心灵受到震撼。

在马来西亚校——麻坡培养小学，南小人精心准备的武术表演，令外国友人纷纷拍手称奇，感慨中国的文化博大精深。大家参观学校的校史馆和教学楼，体验异国教学氛围；聆听善心讲堂，了解外国友人眼中的中国。麻坡培养小学派出44名学生代表教中国师生制作马来米粽书签，孩子们流利的英语问候和得体的行为举止，都展现了南小学子奋发向上的精神风貌，传递出了同学们乐于学习、主动感受马来文化的愿望。

在揉佛麻坡香妃城的山芭湖度假村，大家了解、观察当地珍贵生物的成长，并进行了素质拓展。各小组团结协作、分工明确，展现了南小学子和谐乐群的风采；在食品生产工厂，大家见证普通面粉变成美味食品的全过程，感受了科学的神奇和强大；在吉隆坡的国家皇宫，感受传统马来建筑风格；在吉隆坡独立广场，体会马来西亚奋斗的历史。

一次研学，一场历练，一分收获。千里之行于足下始，学生们收获满满，不虚此行。

二、师生代表赴英国开展研学活动

为了培养学生的国际意识、跨文化意识、全球视野和胸怀，早日成为能够进行国际交流、合作和竞争的国际化人才，同时促进中英友好发展，加强两国青少年间的理解与互信，天津生态城南开小学于2018年7月组织四、五、六年级师生代表赴英国研学旅行。

读万卷书，行万里路。南小学子在紧张的学习之余体味英伦文化，走进英国学校，与当地师生亲密交流，开阔眼界，受益匪浅。经历十二小时的飞行，南小学子的“公能之旅”正式拉开帷幕。在繁忙的伦敦希思罗国际机场，穿流交织的人潮让南小师生感受到了这座国际化大都市的气息，通过这个小窗口，南小学了洞察英国文化、体验英式教育。

（一）校际交流

品尝了英国当地特色晚餐——烘焙式烤肉，体验了英国的饮食文化后，南小学子踏入了位于伦敦北部的Mill Hill小学，进行为期三天的营地生活。

在这个充满生机与活力的学校里，南小学子将与当地小朋友一起完成多个合作类和竞技类的项目：打篮球、踢足球、画画、蹦床、练习射箭等，每一个学生都与当地小朋友进行简单的英文交流，一起玩游戏。每位学生获得了Mill Hill小学校长颁发的毕业证书，并与营地的老师、小朋友合影留念后，告别了这所美丽的校园。

营地生活圆满结束，每一名南小学子都在过程中获得感悟，在感悟中得到升华。大家席地而坐，对营地活动的感受进行交流和分享，在交流中提升了演讲水平，收获了自信和友谊。回顾三天难忘的营地生活，南小学子提高了战胜困难的毅力和解决问题的能力，挖掘了自己的潜力，增进了对集体的参与意识和责任心，树立了“公能梦想”，这将是南小学子人生中的一笔财富。

（二）国际学府

全体师生身穿学士服走在英国历史悠久的著名学府牛津大学之中，一起

“畅谈梦想、圆梦牛津”。大家漫步于牛津市中心街道，领略卡尔法克斯钟塔的宏伟；经过基督教会学院，回忆哈利·波特系列电影中魔法学院的精彩；穿过牛津大学最古老的莫顿学院，走进静谧的林肯学院，在宏伟的博德利图书馆前拍照留念，在牛津叹息桥前聆听它的故事。学生们彼此相约未来秉承南开精神，步入牛津大学，学成后报效祖国。

大家泛舟剑桥，领略一条条纵横交错的古老街道、一栋栋高大的校舍、一所所爬满青藤的红砖住宅带来的震撼。河边上，垂柳成荫，丛林拥翠，衬托着一泓碧水，整个剑桥就像一片绿色的海洋，绿意葱茏，令人心醉……

漫步于卡莱尔学院，领略剑桥学子的智慧之美；游走于古老的三一学院、国王学院、皇后学院、圣约翰学院，体会无涯学海的静美。探索“数学桥”，感受数学与物理的奥秘。在“再别康桥”纪念石旁，大家开展了“剑桥上泛舟　康河上朗诵”的活动。学生们吟诵着徐志摩的《再别康桥》，体味着他对康桥的不舍和留恋。

（三）异国风情

在英国当地马术学院，大家骑马、给马洗澡，与马儿进行了一次近距离的接触，体验了骑士生活。在hallmark高尔夫球场专业教练的带领下，南小学子学习了打高尔夫球的标准动作和基本规则。从刚开始的好几次都击不中球，到有模有样的击球，南小学子不怕失败，体现了勇于实践、敢于探索的精神。大家在曼彻斯特，参观英国国家足球博物馆，了解曼联的发展史；在曼彻斯特科学工业博物馆，感受着工业革命的气息。

在泰晤士河畔，大家乘船游览，欣赏了伦敦塔桥、摩天大楼等建筑；在格林尼治天文台，近距离触摸本初子午线。大家分别站在东半球和西半球挥手欢呼。走进人类遗产的伟大殿堂——大英博物馆，大家学习历史、探索历史、感受历史、触摸历史。大家在中国馆，身处异国他乡，看到国宝，回想起近代中国屈辱的历史，爱国之情油然而生。

漫步威斯敏斯特大教堂、海德公园、皇家骑兵营、牛津街、温莎城堡……从风景到人文，从建筑到历史，南小学子怀着好奇心出发，满载而归。

英国游学时间虽有限，收获却无限。这次经历并非浮光掠影，这次思考并非浅尝辄止，学生身临其境，多层次、多维度地感受了英国的风土人情，不仅在知识上增长了自己的见闻，更在内心深处根植了发愤图强、立志报国的种子，相信这颗种子在可以预见的将来定会生根发芽，成长为参天大树。

三、师生代表赴美国开展研学活动

博学而不穷，笃行而不倦。为进一步落实学校"公能教育"的主旨，强化学生"爱国乐群"价值观，拓宽学生国际视野，增强学生人文底蕴和科学精神，培养学生逐步形成社会责任感，学会学习，学会生活，善于创新，勇于实践，天津生态城南开小学于2019年暑假组织五、六年级师生代表远赴美国，开展了为期14天的研学活动。大家在学习中感受异国文化，在体验中增长科学知识，在交流中展示中国风采。在此次研学活动中南小学子获益颇丰，既开阔了眼界，丰富了阅历，又提升了语言交流能力和自理自立能力。

（一）体验地道美国生活，浸润趣味英语课堂

一次别样的旅行，从一段难忘的回忆开始。晨曦洒在寂静的林间，沿着蜿蜒曲折的公路，南小学子们来到了位于美国宾夕法尼亚州南部城市哈里斯堡的一所学校——Harrisburg Christian School。初次见面，孩子们用流利的英语彬彬有礼地向营地老师以及寄宿家庭的"洋爸洋妈"们做了自我介绍。在随后的日子里，南小学子们深入美国家庭中，与热情好客的美国"家人"一同全方位体验地地道道的美国日常生活。从礼仪到饮食，从生活习惯到人际交往，大家都有了新的感知与认识。

花园里，阳光下，大家携手并肩，促膝交谈。草坪上，秋千旁，你来我往，好不快乐。孩子们很快融入寄宿家庭和谐愉悦的生活中。大家向美国家人赠送具有中国特色的小礼物，用丰富多彩的照片向外国友人介绍自己的家乡和学校。南小学子们一展厨艺，与大家共同制作晚饭，一起品尝截然不同的中西美

食。孩子们能充分运用英语知识，积极主动地与美国家人展开交流，英语表达能力有了显著提升，人际交往能力也得到了锻炼。

与此同时，每天上午的全英文小班式课堂学习中，同学们沉浸在Mrs.White和Peter老师生动形象的讲授中，从国家概况、西餐礼仪、教育模式、钱币文化等方面对美国有了更全面的了解。通过两位老师精心组织，同学们以小组形式创编英语情景剧，将在美国的体验与收获通过语言形式展现得淋漓尽致，既锻炼了语言运用能力，又增强了表演能力。

不同肤色，不同语言，心手相连，留下了最珍贵的回忆。晚上，中美师生、寄宿家庭成员齐聚一堂，共进晚餐。孩子们准备了各种精彩的节目，现场演绎益智器具九连环拆装、诙谐幽默的双语双簧、自编自创的歌曲二重唱以及即兴电子琴演奏，一展南小学子之风采，博得现场观众的阵阵掌声与赞叹。在隆重的结业仪式，中外教老师为同学们颁发结业证书，师生合唱英文歌曲，在悠扬的歌声中感悟人生奥义。转眼到了告别的时刻，Elmer爷爷深情地搂着孩子们感叹道：“My boys! We’ll miss you so much!”（我亲爱的孩子！我会非常想念你的！）Jessica妈妈特意为孩子们制作了精美的纪念相册。孩子们的美国家庭生活短暂而美好。

（二）沉浸当地文化，感受别样异国风情

读万卷书，行万里路。在营地期间，每日下午，外教老师都组织同学们体验缤纷多样的美国文化。大家学习打棒球，在交流互动中理解棒球的规则，在团队协作中绽放个人活力；游览阿米什乡村，在现代科技生活飞速发展的时代，阿米什人拒绝汽车及电力等现代设施，过着简朴的农耕生活。大家乘着马车，悠闲地漫步在乡间小道上，了解当地人文特色，增长见识，锻炼实践能力，一路欢歌笑语。大家在“Capitol Diner”美餐馆亲自体验点餐、用餐、付费等过程，在“Water Golf”享受高尔夫活动带来的快乐时光，在Laserdome益智游乐场，在游戏中体验团队协作的意义，在Target Mall体验异国购物，锻炼自理自立能力。

丰富多彩的实践体验活动，让南小学子们将书中所学知识与生活实际相结合，知行合一，学思并进。大家在实践中探索科学知识的奥义，找寻多样的学习方法与途径。

（三）走访世界一流学府，树立爱国报国之志

为进一步培养学生拥有爱国乐群之公德，服务社会之能力，本次研学活动特意安排同学们参观位于美国东部的六所世界顶尖学府：普林斯顿大学、哥伦比亚大学、耶鲁大学、哈佛大学、麻省理工学院以及西点军校。从普林斯顿大学走出过大批的科学家、文学家和政治家。著名的相对论大师爱因斯坦、数学大师冯·诺依曼等都在这里从事过研究。诺贝尔物理学奖得主中，有20多位是这所学校的教授。著名的科学家华罗庚、姜伯驹、中国科学院外籍院士陈省身、李政道、杨振宁都曾担任过普林斯顿大学的高级研究院研究员。同学们在夕阳的余晖下感受浓厚学术氛围，励志求学，报效祖国。

历史悠久的哥伦比亚大学地处纽约，与华尔街、联合国总部和百老汇比邻，是全美最受欢迎的大学之一。南开系列学校的首任校长张伯苓先生曾获哥伦比亚大学的名誉博士。同学们沉浸在书香浓郁的哥大图书馆中，脑海中充满了对未来和人生的无限憧憬。路漫漫其修远，努力才能让梦想实现。

位于纽黑文的耶鲁大学被誉为"美国总统的摇篮"。它注重培养人才服务于社会的能力和领导才能，追求自由和崇尚独立人格。"耶鲁精神"的精髓与南开"允公允能"之思想不谋而合。

在位于马萨诸塞州剑桥市的哈佛大学的"三谎雕像"前，同学们一一留影，摸一摸雕像的智慧之鞋，寄托美好的希望。讲解员哥哥专门为南小学子们介绍了哈佛的历史。诞生于1636年的哈佛大学是美国本土历史最悠久的高等学府，最早由马萨诸塞州海湾殖民地立法机关创建，是为了纪念在成立初期给予学院慷慨支持的约翰·哈佛牧师。后于1639年3月更名为哈佛学院，1780年正式改称哈佛大学。哈佛大学被公认为是当今世界顶尖的高等教育机构。

在被誉为"世界理工大学之最"的麻省理工学院，首任校长威廉·罗杰斯提出了校训"Mind and Hand"（即"手脑并用"），强调学习与将知识应用到真实世

界同等重要。一个个造型奇特、风格迥异的雕像丰富了孩子们的视觉体验，使大家感受到了人类的思维与科技创新的完美结合。

西点军校全称为西点军事学院，是美国第一所军事学校，位于纽约州哈德逊河西岸的西点镇。西点军校号称“美国将军的摇篮”，许多美国著名军事将领都是该校的毕业生。

漫步在古典庄严的图书馆、礼堂和校舍中，同学们感受着书墨生香的浓厚学术氛围，见识到世界一流学府的风貌，畅想着自己的大学梦、中国梦。

（四）纵横中西历史长河，增强民族文化自信

在美国首都华盛顿，大家先后参观了国会大厦、白宫、华盛顿纪念碑、杰弗逊纪念堂以及林肯纪念堂。通过认真聆听专业讲解员的精彩讲述，同学们初步了解了美国的历史文化，丰富了阅历，拓宽了眼界，感受到了世界多元文化的绚丽多彩。

在美国自然历史博物馆中有形态各异的地质矿石，栩栩如生的古生物标本，同学们沉浸于庞博万象的生态自然中。在美国航空航天博物馆中，航天科学家王教授在现场专门为南小同学们进行了生动详细的讲解，孩子们专注地聆听，了解了人类探索宇宙的历程，理解了科技与创新对人类发展的重要意义。

大家漫步在曼哈顿区的华尔街头，领略了美国政治经济中心的繁华盛景；乘游轮观赏布鲁克林大桥、曼哈顿桥，近距离感受雄伟壮观的自由女神像；穿过街区，来到联合国总部大楼前合影留念。

不知不觉，南小学子们美国研学活动已经接近尾声。清晨，大家整装待发，前往波士顿的一所著名学校 Pike School 进行参观学习。尊敬的 Mr. Waters 校长为我们介绍了学校的概况。走进明朗的教室、图书馆、体育场，观摩新颖独特的活动模式和趣味盎然的室外活动，同学们开阔了眼界，激发了创新思维。

结束亦是开始，今日的我们，早已不同往日。14天的美国研学之旅中，孩子们一同体验，一同收获，一同成长，在实践中增长阅历，积累文化底蕴，在交流中锻炼表达能力，探索人生奥义。公能心，学子情，在异国文化的浸润中，浓厚的

爱国之情始终滋养着南小学子的心，少年雄于地球，则国雄于地球。"为中华之崛起而读书"的志向指引南小学子不断挑战自我，超越自我，做最好的自己。

新时代的光芒照映着中华民族复兴的伟大历史使命，南开精神也被赋予新的内涵。习近平总书记在视察南开大学时强调加快一流教育、一流学科建设，力争在原始创新和自主创新上出更多成果，勇攀世界科技高峰。新的百年，新的征程，当面对南开精神启程时的"爱国三问"，新一代南开人正接续奋斗、努力交出面对新时代的新答卷。

习近平总书记对百年南开精神的办学方向、理念、特色和成果给予充分肯定，为新时代立德树人指明了方向，对党建和思想政治工作做出重要指示，对教师队伍建设提出明确要求。厚望激励着南开人。习近平总书记的重要讲话和一系列指示批示，为南开精神新百年的发展提供了根本遵循，注入了强大的政治动力、精神动力、工作动力。南开人牢记嘱托，不辜负习近平总书记的关怀与厚爱，坚定不移地沿着习近平总书记指引的方向前进，再接再厉，再谱南开发展的新篇章。

不忘初心，为国育才。学校坚持和强化立德树人的价值导向，遵循教育规律，遵照学科特点，持续围绕"培养什么人、怎样培养人、为谁培养人"，践行社会主义新时代的使命，把培养德智体美劳全面发展的社会主义建设者和接班人作为天津生态城南开小学的根本任务。天津生态城南开小学要牢记使命，争做标杆，以更大的视野、更大的担当、更大的作为，紧密对接国家重大战略、天津市中新生态城发展需求，聚焦破解小学教育改革开放、发展稳定的难题，聚焦应对小学教育教学局面的关键问题，把基础研究、基础创新摆在更加突出的位置，有重点地安排教育教学研究项目，创新教育教学科研手段，努力探索、开发、提炼教育教学原创成果。

天津生态城南开小学不懈奋斗、矢志一流，置身世界大科学时代，面向未来，勇于担当。学校与世界小学基础教育构成更加开放合作、更加融通联动、更加互利共赢的发展格局，助力发挥小学基础教育的桥梁的作用，打造世界小学教育学术研究共同体，推进建立国际多元化教育合作机制。学校以特色鲜明、深厚博大的南开精神，探寻天津生态城南开小学面向未来的发展路径，推动文化、文明传承与创新，为实现教育可持续发展做出南开人应有的贡献。

经过先行探索，国际理解教育已成为学校校园文化建设独特的品牌，受到各界同仁的赞誉。“扎根本土，放眼世界”，为培育具有家国情怀、国际视野的小公民，学校一直在努力。如今，创建南开新品格、教育新特色、小学教育新一流的接力棒，已经交到了新一代南开人的手上，为实现宏伟目标，为完成历史使命，南开精神哺育的教育工作者责无旁贷。南开人的激情在南开精神开创的事业中燃烧，南开人的热血在南开精神的发展中流淌，南开人的目标必将在南开精神空前凝聚中、通过南开人共同努力去实现。新百年，从头越；新征程，再出发。在这宏大的历史的、现实的、弘扬南开精神的平台上，正屹立、活跃着天津生态城南开小学奋发有为的开拓者们。

参考文献

[1] 孙绵涛，李莎.建立学校疫情管理制度的新思考[J].教育与教学研究，2020，34(03)：7-12.

[2] 陶国兴.教育治理背景下的中小学管理改革[J].教书育人，2020(08)：10.

[3] 李文静.创新课堂教学模式，打造小学体育高效课堂[J].田径，2020(03)：66-67.

[4] 莫庚娣.在小学品正文化建设中形成特色品牌学校[J].基础教育论坛，2020(03)：32-34.

[5] 陈瑞.新世纪以来我国小学办学理念研究述评[J].文学教育(下)，2020(01)：176-177.

[6] 金卫东.构建未来理想学校的国际化视角[J].江苏教育，2020(02)：9-10.

[7] 韩涛.打造家校共同体 构建合作育人新格局[J].辽宁教育，2020(02)：83-84.

[8] 陈磊.基础教育阶段家校合作的优化策略[J].甘肃教育，2019(24)：30.

[9] 单志艳.建设家校学习共同体 构建家校合作新形态[J].人民教育，2019(22)：17-20.

[10] 季飞，朱雨生，尤福康.中小学质量教育研学实践基地的课程建设与探索[J].质量与标准化，2019(10)：2-6.

[11] 常林中.基础教育阶段家校合作困境及对策研究[J].成才之路，2019(05)：24.

[12] 王志超，徐静，夏英，冯钠，曲敏杰，张勇杰.创新课堂教学模式，构建高

效实体课堂[J].广东化工,2018,45(21):118-112.

[13]刘宗霞,何亚新,李玉娇,郭成.三会一校 开门办学——成都市建设路小学现代学校制度建设探索[J].教育科学论坛,2016(14):16-20.

[14]钱小波.南开小学“公能课程”体系实践建构[J].科学咨询(教育科研),2016(05):16-18.

[15]南开大学校史研究室.允公允能 作育英才[N].天津日报,2016-03-28(009).

[16]查立舫,张震.教育实践基地课程体系建设初探[J].华夏教师,2015(07):89.

[17]单巨兵.允公允能,日新月异[J].语文学习,2015(01):79.

[18]赖晗梅.国际理解教育应该是有“根”的教育——谈成都市东城根街小学教育国际化[J].世界教育信息,2012,25(14):42-44.

[19]周鸿飞,李德志.允公允能 巍巍南开[J].基础教育参考,2012(06):92-94.

[20]张裕云.以世界眼光办现代学校[J].科学咨询(教育科研),2010(01):14-16.

[21]党红.透视公允价值(上)[J].首席财务官,2006(05):92.

[22]宋成剑.张伯苓及其南开精神论析[J].天津市教科院学报,2004(04):35-38.

公能

后记

在各级领导和各方专家的支持帮助下，本书即将付梓。这本书是天津生态城南开小学复校以来，所有教师、学子辛勤努力、攻坚克难的见证和总结。这里面包含了无数人在黑暗中的摸索和探寻，在光明中的坚守和奋斗。希望通过这本书，能传达天津生态城南开小学对南开精神的传承，传达出天津生态城南开小学在进行公能素质教育时付出的努力。复校以来，天津生态城南开小学锐意进取，砥砺前行，继承了南开教育血脉里不变的"公能"素质教育精神，并将其与时代相结合，沿着时代发展的潮流，全力将教育做到尽善尽美。

本书编撰由收集材料开始，所收集的材料中包含有学校德育活动、教学活动以及建校历史等相关内容。这些内容来源于校内相关资料，来自校内各位优秀教师论文以及相关史料。通过编辑整合，本书将所收集的材料细分为：管理体系确定、学校文化课程活动、教师培养、课堂教学、学生发展、家校联动以及国际品牌等，并对其进行加工整理。最终通过各方修订，在各位专业人员的努力下最终得以形成本书。本书意在记录复校以来天津生态城南开小学的辉煌与坚守，意在为后来的"公能"素质教育留下资料，提供借鉴。本书以南开精神为主线，以"中和"管理思想为线索，详细讲述了学校各项工作的开展和办学理念。

教育永无止境，在教书育人这条道路上，我们仍在探索。不忘初心、牢记使命，我们仍然在路上！我们将以此书为契机，以立德树人为根本，以深化创新教育改革为突破口，以信息技术与教育教学深度融合为重要手段，全面深化综合改革，全面加强内涵建设，增强学校办学活力和核心竞争力，为建设有特色、高水平的学校而努力奋斗。

鉴于认识水平和编写水平的局限，书里可能存在一些错误与疏漏，恳请大家不吝赐教，以待今后修正完善。谨以此书献给天津生态城南开小学的每一位奋斗者以及关心、爱护学校的每个人！

2020年3月